책을 사랑하는
아이로 키우기

책을 사랑하는 아이로 키우기

1판 1쇄 인쇄│2019년 1월 13일
1판 1쇄 발행│2019년 1월 17일

지은이│앨리슨 데이비드
옮긴이│이주혜
펴낸이│이상배
만든이│이주항
펴낸곳│좋은꿈
디자인│김수연

등록│제396-2005-000060
주소│경기도 고양시 일산동구 장백로 26, 103동 508호
    (백석동, 동문굿모닝힐 1차) (우)10449
전화│031-903-7684 팩스│031-813-7683
전자우편│leebook77@hanmail.net

ⓒ 좋은꿈 2019

ISBN 979-11-85903-51-4   03020

이 도서의 국립중앙도서관 출판예정도서목록(CIP)은 서지정보유통지원시스템 홈페이지
(http://seoji.nl.go.kr)와 국가자료공동목록시스템(http://www.nl.go.kr/kolisnet)에서
이용하실 수 있습니다.(CIP제어번호: CIP2018040754)

블로그·네이버│www.joeunkoom.com

＊좋은꿈-통권 59-2019-제1권

책을
사랑하는
아이로
키우기

앨리슨 데이비드 지음 | 이주혜 옮김

좋은꿈

차례

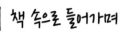

책 속으로 들어가며

나는 즐거움을 위한 책읽기야말로 부모가 아이에게 줄 수 있는 가장 큰 선물이라고 믿는다. 이는 평생을 함께할 사랑의 선물이다. 나는 아이들에게 즐거운 마음으로 책을 읽으라고 열정적으로 권한다. 이 책은 나와 같은 마음을 가진 부모들을 위한 책이다.

읽기가 학습과 교육의 기초라는 사실은 누구나 알지만, 아이들이 즐거움을 위해 책을 읽는가가 부모의 학력이나 사회적인 지위보다 아이의 성공 가능성을 예측할 수 있는, 훨씬 더 정확한 기준이라는 사실을 모르는 사람이 많다. 또한 즐거움을 위한 책읽기는 부모가 자녀와 유대감을 느낄 수 있는 경이로운 방법이기도 하다. 어린 시절 부모와 함께 책을 읽었던 경험은 이후로도 계속 마법 같은 영향력을 미친다.

나는 엄마로서 또 출판사에서 일하는 경력을 통해서 아이들이 책을 사랑할 수 있게 도와줄 방법에 대해 많은 것을 배울 수 있었다. 아들 루이스는 이제 십 대 청소년이 되었는데, 우리는 그동안 수백 권의 책을 함께 읽어왔다. 솔직히 아이와 함께 책을 읽고 또 아이에게 책을 읽어주는 경험은 우리가 함께했던 것 중 가장 즐겁고 만족스러운 일이었다. 나는 루이스가 책을 읽으며 무럭무럭 자라고 성장하며 발전해나가는 모습을 고스란히 지켜보았다. 또 루이스뿐만 아니라 조카들과 친구의 아이들까지 오래전부터 책읽기를 격려해왔다.

나는 어린이 책과 잡지를 만드는 에그몬트 출판사에서 일한다. 내가 하는 일 중에는 아이들과 그 부모를 만나 어떻게 해야 아이가 책을 더 많이 읽고, 어떤 점들이 책읽기를 방해하는지 알아보는 것도 포함되어 있다. 주의와 집중력을 빼앗는 것들이 곳곳에 널려있는 현실에서도 왜 어떤 가정의 아이들은 책읽기를 좋아하고 어떤 가정의 아이들은 그러지 못한지 알고 싶다. 또 가정과 학교에서 즐거움을 위한 책읽기가 가능하도록 격려하는 방법으로 어떤 것들이 있을지 교사들의 견해를 수집하기도 한다. 업무상 혹은 학부모 자원봉사를 위해 초등학교에 정기적으로 찾아가 책읽기에 관한 아이들의 의견을 듣는다. 이렇게 여러 가지 측면을 통해 즐거움을 위한 책읽기가 가져다주는 마법과 그렇지 못할 때의 엄청난 차이를 직접 목격한다.

아이들이 즐거움을 위해 책을 읽게 도와주는 방법을 공유하고,

즐거움을 위한 책읽기가 왜 중요한지 설명하기 위해 이 책을 썼다. 아동기 책읽기의 기본적인 사항을 알아보기 전, 각자 생각해볼 질문을 던지고 싶다.

- 의식적으로 조용한 시간을 마련하고 아이가 즐거움을 위해 책을 읽는 일상을 확립했는가?
- 아이에게 규칙적으로 책을 읽어주고 함께 책을 읽고 있는가?
- 쉽게 접근할 수 있고 눈에도 잘 띄는 책과 잡지 등을 종류별로 다양하게 갖추고 있는가?
- 아이의 미디어 기기 사용 시간을 제한하는 규칙이 있는가?
- 부모 스스로 즐거움을 위해 책을 읽고 화면을 사용하지 않는 시간을 보내는 모습을 아이에게 보여주고 있는가?

위 질문 가운데 단 한 가지라도 '아니요'라고 대답했다면 계속 책을 읽어보길!

이 책의 활용법

유아기부터 청소년기까지 다루었으므로 자녀가 몇 살이든 책 곳곳에서 다양한 도움말과 좋은 생각들을 찾을 수 있다. 그러나 아이가 책을 좋아하게 격려하려면 일찍 시작할수록 좋다. 아이가 책을 읽으면서 성장하고, 읽기를 향한 사랑이 뿌리를 내려 삶의 일부로 자리 잡으려면 많은 시간이 필요하다.

각 장은 연령별로 나뉘어 있지만, 이는 하나의 지침일 뿐이다. 아이들은 저마다 다르며, 발달 속도도 다르기 때문에 전형적인 모습의 아이란 존재하지 않는다. 혹여 당신의 자녀가 내가 말한 읽기 단계에 도달하지 않았다고 해도 너무 걱정하거나 스트레스를 받지 마라. 아이를 재촉하지도 말고 함께 책을 읽는 특별한 시간을 즐겨보자. 언젠가는 도달하게 될 것이다.

각 장마다 책 읽는 습관에 관한 조언과 책 읽는 가정은 어떤 모습이어야 하는지, 소리 내어 아이와 함께 책 읽는 방법, 책읽기에 관해 '할 것'과 '하지 말 것', 연령별로 적절한 발달 단계의 지표 등을 담고 있다. 모두 나의 개인적인 경험을 비롯해 그동안 수많은 가족과 학교를 만나 수행해온 조사 결과를 기초로 했다. 또한 영국문해협회 사무총장이자 문해 전문가 데이비드 리디, 연구심리학자이자 아동발달 전문가 아만다 거머 박사, 생물학자이자 심리학자로 아이와 부모·의사를 상대로 전자매체와 화면 의존성이 가져오는 잠재적인 영향력에 대한 자각을 촉구하는 아릭 시그만 박사 등 전문가의 견해도 담겨 있다.

왜 책읽기가 중요할까?

이 책은 학업상 책읽기의 중요성을 다루고 있지 않다. 학업을 위해 책읽기가 중요하다는 사실은 논란의 여지가 없고 있어서도 안 된다. 이 책은 평생 즐거움을 위한 책읽기를 사랑하게 할 방법을 다루고 있다. 즐거움을 위한 책읽기야말로 아이들에게 놀라운 기적을 안겨주기 때문이다. 즐거움을 위해 책을 읽으면 편안함과 확신, 자신감, 안정감, 느긋함, 행복 그리고 재미를 느낄 수 있다. 즐거움을 위해 책을 읽으면 상상력이 커지고 감정이입에 도움이 되며 심지어 수면 습관까지 좋아진다. 책읽기는 가족생활의 매우 중요한 요소이다. 어렸을 때부터 시작해 십 대 시절을 지나 그 이후까지도 부모와 자녀 사이의 결합력을 높여준다. 함께 책을 읽고 이야기를 공유하면서 부모와 자녀 사이가 더욱 가까워지는, 이른바 관계의 강력한 '접착제' 역할을 한다. 또한 가족 간 유대감을 오래도록 지속하고 가족만의 고유한 이야기와 경험을 나눌 수 있게 된다.

전문가의 견해

책읽기를 즐기는 가족은 토론을 하고 감정이입 능력을 개발하며 애착을 형성할 기회가 많아진다. 아이들이 일단 읽는 기술을 습득하게 되면 어떠한 주제도 스스로 배울 수 있게 되므로 자신감이 향상된다.

─아만다 거머 박사(아동발달 전문가)

책이 없는 어린 시절은 빈약하다. 아이들은 책읽기가 안겨주는 삶의 큰 즐거움과 엄청난 혜택을 잃게 된다. 행복하게 살고 있지 못한 어린이들과 함께하는 어느 보조 교사에게서 읽기가 우리에게 어떤 것들을 가져다줄 수 있는지 들어보았다.

나는 읽기를 굉장히 어려워하는 아이들과 개별적으로 만난다. 많은 시간을 읽는 법을 도와주며 보내고 나중에는 책을 읽어주기도 한다. 한 남학생을 잊을 수가 없다. 열네 살 '문제아'였던 아이는 늘 문제를 일으켰고 공격적이었으며 혼자서는 글을 제대로 읽을 줄도 몰랐다. 몇 주 동안 그 아이와 함께 『알렉스 라이더 Alex Rider』(10대 스파이의 모험을 그린 앤서니 호로비츠의 첩보 소설 시리즈)를 읽었는데, 아이는 이 책을 매우 좋아했다. 어느 날 아이에게 소리 내어 책을 읽어주고 있는데, 아이가 몸을 기울여 내 어깨에 머리를 기대는 게 아닌가. 나는 몹시 슬퍼졌다. 우리는 학생들을 안아주는 것은 고사하고 어떠한 신체 접촉도 허락되지 않았지만 아이는 이런 것이 몹시 필요했다. 나는 읽기가 단순한 이야기를 넘어선 무언가라는 사실을 깨달았다.

–캐롤라인(보조 교사)

전문가의 견해

아동기와 청소년기에 읽기에 몰두하면 평생 꾸준히 지속될 매우 중요한 것들을 배우게 된다. 때로는 힘들기도 하지만 계속해서 책을 읽어나가면 성취감과 즐거움을 획득할 수 있음을 스스로 깨닫는다. 소설, 시, 정보서적 등 어떤 종류의 읽을거리든 마찬가지다.

–데이비드 리디(문해 전문가)

이토록 커다란 혜택을 안겨준다면 실로 광범위하게 책을 읽고 있으리라 생각할지 모르겠다. 그러나 직업상 여러 가족을 살펴보면 전 사회계층의 아이들이 책읽기의 이로움을 누리는 것은 아니라는 사실을 깨닫게 된다. 이토록 슬픈 상황이 변화를 이루는 데 이 책이 조금이나마 도움이 되기를 바란다.

왜 책을 읽지 않을까?

아이들이 책읽기를 어려워하는 이유는 많다. 가정생활이 정신없이 바쁘게 돌아가고 시간이 부족해 오락과 휴식을 위한 책읽기가 들어설 자리가 부족하다. 또 즐거움을 위한 책읽기가 아니라 학습 기술로서 책읽기에 지나치게 초점이 맞춰져 있다. 또 날로 새로워지는 스마트 기기와 전자 기기 등의 사용 시간과 겨루어야하는 어려움도 있다.

이 책은 아동기에서 청소년기까지 다양한 연령대를 다루고 있으므로 책읽기에 관해 필요한 요소들과 주의를 빼앗는 요인들도 아이의 나이에 따라 무척 다양하다. 미취학 아동기에는 부모가 아이의 시간을 통제하기가 쉽다. 그러나 학령기가 시작되면 방과 후 활동과 동아리 활동, 학교 숙제, 친구들과 놀고 싶은 바람 등 요구 사항이 많아지면서 부모와 아이가 함께 책 읽을 시간을 따로 내기가 어려워진다.

한편으로는 첨단 기술이 상당 시간을 통제한다. 두 살 아이가 친구에게 문자메시지를 보내지는 않겠지만 휴대전화로 게임을 할 수는 있다. 청소년기가 되면 친구들에게 문자메시지도 보내고 휴대전화로 게임도 한다. 이러한 일상적인 제약에도 아이가 즐거움을 위한 책읽기 시간을 낼 수 있는 연령별, 발달 단계별 도움말을 이 책 전반에 걸쳐 담았다.

많은 부모가 내게, 자녀가 즐거움을 위해 책 읽기를 바란다, 혹은 지금보다 책을 더 많이 읽기를 바란다고 말한다. 마치 대의명분을 잃어버린 사람들처럼 보인다. 그러나 가족과 아이의 습관을 바꾸는 것은 실제로 가능하다. 그냥 습관이 생길 수 있도록 노력하면 된다.

문제는 우리가 사는 이 세계가 일상적으로 시간과 에너지를 뺏어가는 도전적인 곳이라는 데 있다. 부모는 모든 일을 앞장서서 헤쳐나가야 하고, 직장 생활과 가정생활을 동시에 해치우고, 아이들을 깨워 학교에 보내고, 직장일과 아이들의 요구와 식사와 깨끗한 옷을 계속 신경 쓰고, 집안 질서를 유지하고, 숙제를 감독하는 등의 일을 정신없이 해나가는 동안 지속적인 압박감에 시달린다. 많은 부모가 스트레스를 토로한다. 이런 상황에 매일 학교 숙제 말고 따로 책 읽을 시간을 낸다는 생각 자체가 또 하나의 할 일이 생긴 것 같은 느낌을 안겨준다.

당신의 이야기를 하는 것 같은가? 그렇다고 너무 좌절하지 마라. 다행히 읽을 시간을 마련하는 것 자체가 어렵지는 않으며 할 일이 또 하나 늘어나는 것도 절대로 아니다. 사실 당신과 아이 모두에게

커다란 즐거움이 될 것이다. 함께 보내는 그 시간을 한껏 기뻐하게
될 것이다.

최근 연구 조사 목적으로 초등학생 자녀가 있는 가족을 대상으로
매우 간단한 과제를 주었다. 휴가 동안 매일 적어도 10분 동안 자
녀와 책을 읽거나 자녀에게 책을 읽어주게 했다. 결과는 놀라웠다!
거의 모든 가족이 독서량과 읽기를 향한 열정이 눈에 띄게 향상되
었다. 타리크(8세)는 여름휴가를 마치고 학교로 돌아와 연구에 참
가한 거의 모든 아이와 비슷하게 응답했다.

"매일 조금 더 많이 읽고 싶어요. 엄마랑 아빠랑 함께 책을 읽으니
까 정말 좋아요."

어느 엄마는 이 프로젝트를 시도하기 전에는 딸이 즐거움을 위해
책을 읽는 편이 아니었다고 했다. 주로 시간이 부족한 게 원인이었

고 책읽기를 위한 일상을 마련하지 못한 게 상황을 악화했다. 그 엄마는 몹시 죄책감을 느꼈다. 그러나 휴가가 끝나자 딸 로즈(6세)는 이렇게 말했다.

"정말 신나고 재미있었어요. 엄마가 책을 읽어주고 나면 더 읽어 줬으면 하고 바랐어요."

매일 10분씩만 내도 이런 변화가 일어났다.

열심히 노력하자

무엇보다 먼저 책읽기에 지속적으로 참여할 수 있도록 노력해야 한다. 어쩌면 생각했던 것보다 오래 걸릴 수도 있다. 한 방 해결책 같은 것은 없다. 아이들과 함께 읽고 또 읽기를 격려하면서 청소년 기까지 계속해서 즐거움을 위한 책읽기가 왕성하게 일어날 수 있는 환경을 만들어가야 한다.

압력을 넣지 마라

즐거움을 위한 책읽기의 요점은 즐거움이다. 아이가 읽는 책의 수준이나 관련 주제, 형식 등을 강조하지 마라. 읽고 있다는 사실 자체가 중요하다. 수업을 위한 책읽기를 우선하는 가족을 많이 만나봤다. 아무래도 자녀가 초등학교에 들어가면 부모들은 읽기 공부와 점점 높아지는 읽기 단계에 관심을 집중한다. 취침 시간 책읽기가 점점 줄어들고, 심지어 아예 없어지기도 하고, 그 자리를 학교 수업을 위한 책읽기로 메우는 가족도 많다. 물론 아이들은 읽기를 배워야 한다. 세상은 경쟁적이고 학교에서 공부를 잘하려면 읽을 줄 알아야 한다. 그러나 우리가 신경을 쓰지 않으면 아이들은 읽기를 해야 할 의무나 과제라고 생각하게 된다. 아이들의 마음속에서 읽기는 재미없는 일이 된다. 압력을 넣으면 아이들은 읽기를 쉽게 외면할 수 있다.

전문가의 견해

아이들에게 압력을 주지 않으려면 부모가 먼저 책 읽는 모습을 보여주고 최근 읽은 재미있는 책에 대해 들려주는 게 가장 좋다. 아이들은 부모를 따라 하며 배운다. 부모는 아이의 '정상적인' 모습이다. 부모가 먼저 즐거움을 위해 책을 읽을 때 아이 역시 그렇게 읽으며 자라야겠다고 생각한다.

―아만다 거머 박사

추측하지 마라

아이가 일단 읽을 줄 알게 되면 알아서 읽을 거라는 추측이 만연하다. 그렇지 않다! 즐거움과 결부되지 않아서 책읽기를 싫어하는 아이가 많다. 아이들에게는 혼자서 읽을 수 있게 되는 지점보다 즐거움을 위해 읽는 지점까지 가는 게 더 중요하며 이때 부모의 역할

이 매우 중요하다. 읽기 기술을 가르치는 것은 학교가 주도하게 하고, 아이가 학교에서 배우는 내용에 귀를 기울이는 방식으로 학교를 지지해라. 부모는 무엇보다 책읽기를 사랑하는 마음을 심어주는 데 집중해야 한다. 읽기의 즐거움에 초점을 맞추고 아이가 점점 읽기를 즐거워하게 된다면 나머지는 저절로 따라오기 마련이다. 부모와 학교가 함께 책 읽는 사람을 만들어갈 것이다.

> 가정에서 부모의 도움을 받아 즐거움을 위해 책을 읽을 줄 아는 아이는 어휘력이 훨씬 폭넓고 언어 추론 능력도 더 발달해 있다. 즐거움을 위해 책을 읽지 않는 아이보다 즐거움을 위해 책을 읽는 아이의 교육 여정이 훨씬 속도가 빠를 것이다.
>
> -이스트 미들랜즈 초등학교 교사

조용한 시간을 되찾아라

우리 아이들의 삶에는 조용한 시간이 눈에 띄게 부족하고 당연히 책을 읽을 시간도 찾아보기 어렵다. 오늘날 아이들이 즐거움을 위해 책을 읽으려고 할 때 가장 큰 어려움이 바로 조용한 시간이 부족한 현실일 것이다. 그러므로 모든 화면을 끄고(부모도 함께) 방해 요인을 최소한도로 줄이는 시간을 마련해보자.

요즘 아이들을 이해해라

부모들은 종종 이런 말을 한다.

"저는 어렸을 때 책읽기를 무척 좋아했는데, 왜 우리 아이는 책을 안 읽는지 모르겠어요."

자신의 어린 시절과 자녀의 어린 시절을 비교해보면 그 이유를 뚜렷이 알 수 있을 것이다. 방과 후 활동, 학교 숙제, 하루 24시간 일주일 내내 게임기·휴대전화·노트북·텔레비전 등이 안겨주는 오락거리가 책읽기와 경쟁하고 있다. 당신의 어린 시절을 생각해봐라. 당신에게도 첨단 기술에 얽힌 추억이 있겠지만, 어느 정도였는지는 나이와 깊은 관계가 있다. 1970년대에는 TV로 테니스 게임 '퐁'을 했고 1980년대에는 오락실에서 '스페이스 인베이더'를 했을 것이고, 어쩌면 암스트래드(영국의 전자 회사) 컴퓨터가 있었을지도 모른다. 1990년대를 지나며 많은 가족이 PC를 소유하게 되었고 그만큼 컴퓨터 게임이 인기를 얻었다.

당신이 어느 시대에 어린 시절을 보냈더라도 요즘 아이들의 세상에 첨단 기기가 훨씬 더 많은 것은 부인할 수 없다. 어린 시절 당신은 할 일이 그리 많지 않아 시간이 남아돌았을 것이고, 막상 할 일이 없어지면 책을 집어 들었을 것이다. 책을 좋아하는 많은 어른이 달리 할 일이 없어서 책을 읽기 시작했을 것이다. 그리 이상한 말은 아니다. 읽기는 습관이고 모든 습관이 그렇듯이 뿌리를 내리려면 시간이 필요하다.

시간이 많지 않은 요즘 아이들은 지루할 때 가장 빠르고 쉬운 해결책으로 화면을 사용한다. 아이들은 마음이 고요해질 시간이 거의

전문가의 견해

오늘날 책이나 잡지 같은 활자 인쇄물을 읽는 현상은 감소하고 화면 사용 시간은 대단히 증가하고 있다. 물론 아이들이 화면으로 뭔가를 읽는 현상에 대해서는 논란의 여지가 있겠지만, 연장된 텍스트를 집중적으로 읽는 모습은 점점 사라지고 있다. 다시 말해 각 에피소드나 장이 이어지면서 어떤 아이디어를 발달시켜나가는 책 읽기가 줄어들고 있다. 아이들은 모든 읽기가 바이트로 이루어져 있지는 않다는 것을 알아야 하며, 오랜 시간 읽기 경험에서 기쁨과 목적의식과 깊은 성취감을 느낄 수 있음을 배워야 한다.

–데이비드 리디

없고, 우리가 자랄 때보다 10분 혹은 한 시간 동안 책을 집어 들고 읽을 가능성이 훨씬 낮다. 책읽기 습관이 뿌리를 내리고 자리를 잡으려면 조용한 시간이 필요하다. 오늘날 삶은 이런 요소가 매우 부족하기 때문에 우리가 나서서 조용한 시간을 마련해야 한다. 그러므로 방과 후 활동 일정을 매일 잡지 말고 하루나 이틀 정도는 책읽기가 기다려지는 날로 만들어보자.

아이가 책을 고를 수 있게 도와줘라

아이가 읽을 책을 다양하게 선택할 수 있도록 보장해주는 것도 책읽기를 좋아하게 도와주는 중요한 방법이다. 읽을거리가 새롭고 흥미롭다면 당연히 책을 읽고 싶은 마음도 커질 것이다. 문제는 고를 수 있는 책들은 무척 다양하지만, 아이가 그 책을 전부 볼 수는 없다는 점이다. 많은 서점이 유명한 책이나 대중의 관심이 집중된 새 책만 가져다 놓는다. 그러나 사실 책을 찾아보고 고를 수 있는 장소는 생각보다 다양하다.

도서관과 중고 서점에 가봐라. 또 교사와 주위 친구들과 아이의 친구들, 그 부모들에게도 물어봐라. 독서와 관련한 온라인 사이트를 찾아가라. 세상은 유익하고도 흥미로운 읽을거리로 가득하다. 서점에만 있는 게 아니다. 모든 읽기는 좋은 읽기라는 점을 잊지 마라. 만화책, 잡지, 그래픽 소설, 심지어 아이가 커가면서 신문까지 읽을거리에 포함해라.

아이가 관심사를 키워가면 이를 읽기에 접목할 수 있다. 아이가 즐거워하는 모든 활동이 읽기를 격려하는 데 사용될 수 있다. 관심사와 취미활동이 생기고 좋아하는 작가가 생겨서 계속 같은 사람의 책을 고르며, 시리즈를 시작해 끝까지 다 읽는다거나, 비행기를 처음 타거나 치과에 처음 갔을 때처럼 자신의 경험을 반영한 책을 골라 읽는 것까지 모두 책읽기에 흥미를 더해줄 수 있다. 일단 아이가 관심을 보이는 주제부터 시작하면 점점 새로운 읽을거리를 찾는 데 영감을 더할 수 있을 것이다.

아이가 무엇을 흥미롭게 여기는지, 무엇을 잘하는지 생각해보자.

그게 무엇이든 아이의 열정이 반영된 읽을거리를 찾을 수 있다. 이런 주제의 책을 고르면 틀림없이 아이의 동기를 자극하고 영감을 불러일으킬 수 있다. 물론 관심사는 변하기 마련이지만, 아이가 현재 매혹을 느끼는 것, 혹은 몰두하는 것은 언제나 존재한다. 이 책에도 연령대별로 다양한 읽을거리를 제안하고 있다. 그러나 내가 제시한 목록은 빙산의 일각일 뿐이고 그 밖에 선택할 수 있는 책이 훨씬 더 많다. 창작물이든 정보 책이든 까다로운 아이에게도 흥미로운 주제는 있을 것이다.

전문가의 견해

아이가 몰두해 읽을 수 있는 적당한 책을 찾는 것은 아이의 상황과 기분에 따라 다를 수 있으므로 계획을 세우기가 쉽지 않다. 그러나 아이의 관심사를 반영하면서 어휘나 문장 구조가 아이 수준에 맞는 책을 소개해 아이의 관심사와 성격을 인정해줄 수 있다. 이렇게 할 때 단지 읽기와 쓰기 분야를 넘어서 전체적인 발달에 도움이 될 것이다. 아이가 공감할 수 있는 캐릭터가 등장하는 책은 타인과 자아에 대한 이해력을 향상시킬 수 있으며, 해결할 문제가 담긴 책은 논리적인 사고 기술을 발달시킬 수 있다. 지도와 노선을 통해 시각적으로 설명하는 책은 공간 지능과 관련한 기술들을 사용하고, 전통적인 권선징악 주제의 책은 도덕성 발달을 촉진할 수 있다.

－아만다 거머 박사

《책을 사랑하는 아이로 키우기》는 아이에게 줄 수 있는 가장 위대한 선물 중 하나가 '즐거움을 위한 책읽기를 사랑하게 해주는 것'이라는 나의 열렬한 믿음에서 태어났다. 엄마로서 개인적인 경험과 직업상 만난 다른 엄마들의 경험을 통해 완벽하게 옳은 믿음임을 자신한다. 이 책을 쓰면서 바라는 한 가지는 부모들이 자신의 참여가 정말로 중요함을 깨닫는 것이다. 당신은 아이가 책을 읽으면서 느끼는 즐거움을 변화시킬 수 있고 가족 모두에게도 커다란 행복을 가져다줄 수 있다. 모두 성공하기를 빈다. 내 말을 믿어달라. 노력할 가치가 있다.

2014년 5월
앨리슨 데이비드

당신에게는 금은보화가 가득한
보물 상자 같은 엄청난 유산이 있을지 몰라,
하지만 당신은 나보다 부자일 수 없어,
내겐 책을 읽어주는 어머니가 계셨으니까.
– 스트릭랜드 질리언의 <책 읽어주는 어머니>

1장

화면 사용 시간

책 읽기와 학교 공부에 대한 부모들의 걱정 뒤에는 화면이
도사리고 있다. 이 무시무시한 화면은 자석처럼 아이들
을(어른들도) 끌어당기고, 미친 듯한 속도로 모든 연령대
에 걸쳐 우리 삶에 깊이 침투해 들어왔다.

우리 아이들은 많은 시간을 화면 앞에서 보낸다. 이를 입증하는
연구와 통계자료가 매우 다양하다. 예를 들면 깨어있는 동안 평균
12분에 한 번씩, 혹은 하루 6.5시간을 화면 앞에서 보낸다. 80세가
되면 인생의 20년을 화면 앞에서 보냈다는 뜻이다! 어쨌든 이는 확
실히 많은 시간이다. 어떤 가정에서는 여가 시간을 완전히 화면에
장악당해 다른 일을 할 시간은 거의 없다.

디지털 세상이 아이들에게 신나는 오락과 교육과 자극을 안겨준
다는 사실은 의심할 여지가 없다. 아이들은 게임을 통해 논리와 재

빠른 사고와 문제 해결 능력과 전략을 배울 수 있고, 문자메시지와 SNS를 통해 많은 사회화가 이루어지고 있다. 그러나 나는 화면 사용 시간이 풍성하고 다양한 어린 시절의 일부가 되어야지 아이의 삶을 완전히 장악해서는 안 된다고 생각한다. 아이가 다른 일도 하고 싶어 한다면, 특히 책을 읽고 싶어 한다면 더욱 그렇다.

자녀가 디지털 오락을 줄이고 밖에 나가 뛰어놀거나 스포츠 활동을 하거나 상상력을 동원한 창의적인 놀이를 하거나 장난감을 가지고 놀거나 다른 아이들과 어울리는 등 다른 일을 즐기면서 동시에 책을 더 많이 읽기를 바라는 부모가 많다. 한마디로 대부분의 시간을 화면 앞에 앉아서 보내지 않기를 바란다는 말이다.

실제로 화면과 함께하는 오락 시간은 다른 일 할 시간을 침해하거나 심지어 아예 대체해버리기도 한다. 이에 대해 부모들과 이야기를 나눠보면 저마다 감정이 충돌하는 것을 목격할 수 있다. 아이의 화면 사용 시간이 늘어나면 걱정이 되면서도 한편으론 아이가 행복하고 즐겁게 놀고 친구들과 어울리며 점점 첨단 기술에 익숙해지는 모습에 안도하기도 한다. 요즘 같은 시대에 바람직한 현상으로 받아들여야 할 것 같기도 하다. 그러니 쉽게 해결할 수 있는 문제가 아니다.

화면 앞에서 많은 시간을 보낸다는 것은 아이가 즉각적인 오락에 점점 익숙해진다는 뜻이다. 요즘 아이들은 디지털화된 놀이를 통해 즉각적인 만족을 느끼며 자란다. 그만큼 책읽기의 호소력이 줄어들 수밖에 없다. 좋은 책 한 권을 읽을 때 찾아오는 궁극적인 보상은 실로 거대하지만, 즉각적이지 않다. 시간과 노력이 필요하다. 반면 텔레비전이나 유튜브는 수동적인 활동이다. 완전한 형태를 갖추고 제공되는 오락을 아이들은 그저 지켜보기만 하면 된다. 게임과 문자메시지는 쌍방향이지만 역시 즉각적이다. 레벨을 높이거나 게임에서 이기거나 문자메시지에 답장을 보내는 등 행동에 대한 반응 역시 빈번하고 빠르다.

● 전문가의 견해

게임은 일시적인 보상으로 두뇌에 도파민이라는 화학물질을 분비하게 해준다. 도파민은 모든 중독과 관련한 물질이다. 흥미로운 점은 의학 전문가들이 점점 '게임 중독'을 인정하면서 '책 중독'은 인정하지 않는다는 사실이다. 보건 관련 부서들이 아이들의 화면 사용 시간을 제한할 것을 권고하면서 책읽기 시간이나 아이들의 책꽂이에 꽂아 둔 책의 수를 제한하라는 권고는 하지 않는 것도 흥미롭다. 게임 중독을 치료하기 위한 병원은 점점 늘어나고 있지만 로알드 달 중독 치료 시설 같은 것은 없다. 독서는 게임과 달리 발달 중인 아이의 두뇌에 추론과 인지 작업을 더 요구하는 시기적절하게 신경학적이고 지적인 과정이기 때문이다.

－아릭 시그만 박사

그리고 게임과 문자메시지가 요구하는 집중력 범위는 짧다. 책읽기는 텍스트를 이해하고 줄거리를 따라가려면 노력과 집중력이 필요하다. 다시 말해 지속적인 집중력 범위를 요구한다.

TV 프로그램을 수동적으로 흡수하거나 비디오를 보거나 컴퓨터 게임을 하려면 노력이 덜 드는데 보상은 더 빨리 온다. 이런 일을 많이 할수록 두뇌도 점점 익숙해지고 그만큼 이런 종류의 오락을 더 원하고 기대하게 되며, 반면 더 긴 시간 집중력을 발휘하기가 점점 어려워진다.

전문가의 견해

화면 오락의 움직이는 이미지는 뭔가에 집중한 결과 강력한 보상을 안겨주는 완벽한 매체이다. 어린아이가 경험하는 현실의 삶과 비교해볼 때 화면 오락은 빨리 감기 버튼을 눌렀을 때의 삶의 모습을 보여준다. 빠른 속도로 바뀌는 이미지와 풍경, 당겨졌다 멀어졌다 움직이며 편집되는 사건과 원음 그대로 복제되는 음성은 몹시 자극적이고 극도로 흥미롭다. 마치 식품첨가물과 화학조미료가 들어간 음식에 익숙해지면 진짜 음식은 맛없게 느껴지는 것과 같다. 오늘날 화면 오락은 화학조미료가 가득 들어간 영상물처럼 부자연스러울 정도의 감각적인 자극을 준다. 현실 세계의 어떤 것과도 비교할 수 없다. 어린아이가 화면 오락에 집중하면 과도한 희생을 치러야 하고, 책과 같은 다른 오락에 집중할 수 있게 하는 보상 체계를 무너뜨릴 수 있다.

–아릭 시그만 박사

내가 생각해도 화면을 향한 욕구는 확실히 충동적이다. 강박적이 될 수도 있으며 마약처럼 중독될 수 있다고 해도 지나친 말은 아닐 것이다. 최악의 경우 인터넷 중독자의 두뇌에 일어나는 변화는 마약중독자나 알코올중독자의 두뇌에 일어나는 변화와 비슷하다는 연구 결과가 있다. 엑스레이를 찍어보면 감정과 의사결정, 자기통제와 관련된 두뇌 부위로 이어지는 통로가 방해를 받는다는 게 드러난다. 예를 들어 비디오게임에 중독된 사람은 게임 외의 상황으로는 감정적인 결합이 불가능할 수도 있다는 말이다. 인터넷 사용자의 5~10퍼센트가 사용 시간과 정도를 통제할 수 없어서 중독으로 판단된다고 추정할 수 있다. 이 정도 숫자라면 그리 큰 수치는 아니고 내 주장이 극단적일 수도 있지만, 화면 오락이 우리 일상생활을 장악하고 들어오는 힘은 분명하다. 또 SNS의 과도한 사용과 우울증 사이에 심오한 연관 관계를 발견한 연구 결과도 있다.

부모라면 누구나 과도한 화면 사용 시간이 가져오는 신체적이고 정신적이고 감정적으로 부정적인 영향력을 목격할 것이다. 이야기를 나눠본 어느 가족이나 예외 없이 TV나 게임, 문자메시지 등 과도한 화면 사용 시간 후 자녀의 행동에서 변화를 목격했다고 말했다. 이러한 변화는 경미한 강박 증세부터 지나친 흥분, 다른 일에 대한 집중력 부족, 기기를 끌 때가 되었다는 말을 들으면 우울해지거나 짜증을 내거나 과잉 행동을 하거나 심지어 노골적인 공격성을 보이는 등 다양한 형태를 보인다.

아이들은 게임을 하다 다음 단계로 넘어가려고 할 때, SNS 업데이트 내용을 확인할 때, 문자메시지에 답장을 보낼 때, 유튜브로 최신 동영상을 볼 때 집착 증세를 보일 수 있다. 중독자처럼 다른 일에 흥미를 잃을 수도 있다. 당신도 계속해서 휴대전화 메시지를 확인할 때 어떤 마음인지 생각해봐라. 스위치를 끄고 가만히 앉아 책읽기에 집중하는 게 얼마나 어렵겠는가? 나 역시 어렵다. 아이들이 어려워하는 건 당연하다.

전문가의 견해

충동 제어 능력이 완전히 발달하지 않은 상태로 감각적인 오락과 즉각적인 만족을 추구하면 당연히 영향을 받을 수밖에 없다. 아이 스스로 화면 사용 시간을 조절하는 능력은 극도로 제한적이다.

－아릭 시그만 박사

가정에서 화면 오락이 어떻게 사용되는가는 아이의 책읽기 발달에 매우 중요한 영향력을 가질 수밖에 없다. 아이가 즐거움을 위해 책을 읽기 바란다면 디지털 오락과 인터넷, 컴퓨터의 부정적인 면만 생각할 게 아니라 긍정적인 면도 함께 고려하면서 전체적인 문제를 많이 생각해봐야 한다.

아이는 아침 먹기 전, 아침을 먹고 난 후 그리고 학교에서 돌아온 다음에도 엑스박스로 게임을 합니다. 다른 일에도 에너지를 쏟았으면 하고 바라지만, 어차피 제가 말해도 듣지 않을 거예요.

－조단(12세)의 부모

즐거움을 위한 책읽기와 오락을 위한 화면 사용 시간은 공존할 수 있다. 집 안에 주의를 빼앗을 만한 오락거리가 전부 갖춰져 있는데도 책읽기가 활발하게 일어나는 가족을 만난 적이 있다. 약간의 결단력이 필요하기는 하지만, 달성하기에 그리 어려운 목표가 아니라는 이야기를 해주고 싶다. 아이가 즐거움을 위해 책읽기를 바란다면 그럴 시간과 여유를 만들기 위해서뿐만 아니라 관심을 집중하기 위해서라도 화면 사용 시간을 제한해야 한다.

화면 사용 시간을 통제하는 규칙이 자리 잡지 못하면 즐거움을 위한 책읽기가 힘들어질 수밖에 없다. 아이들은 아직 책을 읽을 만한 관심이나 시간, 인내심, 집중력을 완전히 갖추고 있지 않다.

아이가 즐거움을 위해 책을 읽을 수 있게 도와주는 원칙은 건강한 식습관을 길러줄 때와 똑같다. 아이의 건강한 식습관을 위해서 좋은 음식을 주고 새로운 먹을거리를 시도하게끔 격려하고, 다양한 음식을 제공하되 나쁜 음식은 제한해야 한다는 것은 누구나 알고 있다. 탈이 날 때까지 초콜릿이나 콜라를 먹이지는 않지만, 가끔 단것을 준다. 책을 좋아하는 아이로 키우면서 화면 사용 시간을 관리하는 것도 이와 똑같다.

균형을 찾아라

화면 사용 시간을 부정하는 게 아니라 어느 정도까지 허락할 것인지를 분명하게 정하는 게 가장 중요하다. 즉 균형을 찾아야 한다. 아이는 화면 사용 시간이 특권이나 특별 선물이지 마음대로 할 수 있는 권리가 아니라는 사실을 알아야 한다. 아이들은 아직 무엇이 자신에게 가장 좋은지를 모른다. 규칙을 정하지 않고 내버려두면 알아서 TV나 엑스박스나 닌텐도 위를 끄지 않을 것이다. 앞서 말했듯이 아직 자기 조절 능력이 없기 때문이다. 자유로운 선택권을 허락하면 아이의 시간은 화면이 장악하고 말 것이다.

> 조카는 모든 휴대전화가 다 자기 권리라고 생각하는 것 같아요!
> 제가 현관문을 지나 들어가자마자 아이는 인사도 하기 전에 "이모 전화기 써도 돼요?"라고 물어봅니다. 어떤 어른을 만나도 이렇게 말해요.
> 아이 엄마가 전화기를 돌려받으려고 아이와 씨름을 벌이는 일이 정기적으로 벌어지고 있답니다. 아이는 이제 겨우 세 살이에요!
>
> -안젤라(루카스의 이모)

아이들이 흔히 접하는 첨단 기기의 수를 생각해보면 균형을 찾는 게 말처럼 쉽지는 않을 것이다. 어떤 아빠는 화면 사용 시간을 제한하려는 노력이 쓰나미를 막으려는 것과 같다고 말하기도 했다. 그의 집에는 스카이 TV와 PC, 노트북, 휴대전화, 닌텐도 DS, 닌텐도 위, 엑스박스가 있고 아이들은 게임을 하거나 SNS로 친구와 대화를 나누거나 뭐든 끊임없이 화면을 사용하게 해달라고 졸랐다. 게다가 기술은 매우 빠른 속도로 발달하고 있다. 지금 어린아이가 더 크면 그 아이가 할 수 있는 디지털 오락은 지금과 많이 달라질 것이다. 실제로 어떤 엄마는, 15개월 된 아기가 지금 사용하는 기기나 앱이 여덟 살 큰아이가 그 나이 때 가지고 놀았던 것들과는 엄청나게 다르다고 말한 적이 있다.

규칙을 정해라

그렇다면 어떻게 균형을 지킬 수 있을까? 가장 분명하고 좋은 출발점은 기본적인 규칙을 정하는 것이다. 아이들에게는 경계를 정해주는 게 좋다. 아이들은 어떤 기대를 받는지 알 때 안정감을 느낀다. 또 규칙을 지킬 때 스스로 잘하고 있다는 사실을 알게 된다. 그러나 그동안 만나본 수많은 가족이 화면 사용 시간에 대해 자녀에게 '안 돼'라고 말하는 것을 어려워했다. 규칙을 정하는 것과 벌을 주는 것을 혼동하는 것 같았다. 화면 사용 시간을 제한하는 것은 아이를 벌주는 게 아니다. 다른 일을 할 수 있는 시간과 공간을 마련해주는 것이다.

화면 사용 시간에 대한 규칙은 자기 통제와 규율을 가르쳐준다.

우리 집 아이들은 책을 많이 읽습니다. 아내가 재미있는 책을 잘 고르고 또 컴퓨터와 휴대전화에 대해 엄격한 규칙이 있습니다. 만약 아이들에게 이런 제한을 두지 않았다면 곧바로 책읽기를 그만두었을 겁니다.

－클레어(15세), 에바(13세), 루크(7세)의 아빠

규칙을 어기면 그에 대한 벌이 따라야 한다. 예를 들어 한 시간 게임을 하기로 정했는데 그 시간이 지나도 멈추지 않으려고 하면 다음번 그 기기를 사용할 때 그만큼 시간을 줄이거나 아예 특권을 빼앗을 수 있다. 여기서 책임자는 부모이다. 화면 사용 시간을 빼앗는 게 벌이 될 때가 바로 이때이다. 그러나 규칙 자체는 벌이 아니다.

규칙에 대한 아이디어와 제안

어떤 규칙이 효과적인가는 가족에 따라 다르므로 어떤 규칙을 세워야 한다고 정확히 말할 수는 없다. 그러나 수많은 가족을 만나 대화를 나누면서 알게 된 효과적인 아이디어를 공유할 수는 있을 것이다.

아이 방에 화면이 있으면 책읽기가 당연히 어려워진다. 학생 4천 명을 대상으로 한 조사에서 자기 방에 TV가 있거나 자기 휴대전화를 소유한 아이들은 읽기 성취도가 심각하게 떨어진다는 결과가 나왔다. 아이 방에 화면을 두지 마라. TV도 컴퓨터도 DVD 플레이어

도 안 된다. 아이가 커서 자기 휴대전화가 생기더라도 취침 시간에는 방 밖에 놔두도록 확실한 규칙을 정해라. 아이가 숙제 때문에 방에서 컴퓨터를 써야 한다고 하면 취침 시간에 다른 곳에 놔둘 수 있도록 노트북을 고려해봐라.

● 전문가의 견해 ●

늘어나는 화면 사용 시간은 접근성과 소비의 문제이다. 한번 생각해보자. 아이 방에 냉장고를 놔두면 더 많이 먹을 것이다. 냉장고 한쪽에 브로콜리와 새싹 채소가 있고 다른 칸에 아이스크림이 있다고 해보자. 아이들은 아이스크림을 더 많이 먹고 건강에 좋은 채소는 많이 먹지 않을 것이다.

–아릭 시그만 박사

평일 화면 사용 시간을 제한해라. 내가 만난 한 가족은 월요일부터 목요일까지는 어떠한 화면 오락도 안 된다는 규칙이 있었다. 물론 숙제를 위해 필요하면 컴퓨터를 사용할 수 있었다. 아이들도 이를 수용했다. 또 12세 자녀에게 저녁 45분간 화면 사용 시간을 허락하되 숙제를 모두 마쳤을 때만 허락하는 가족도 있다.

주말은 화면 사용 시간을 더 늘릴 수 있다. 십 대 청소년이라면 최대한 2~3시간까지 연장해주고 싶을 것이다. 아이가 어리면 줄여야겠지만 언제나 아이에게 맞춰라. 아이가 늘어난 화면 사용 시간 후 어떻게 행동하고 생각하는지 지켜보고 필요하면 시간을 바꿔라.

적어도 취침 시간 30분 전에는 TV를 포함해 모든 화면을 꺼라. 그래야 긴장을 풀고 충분히 책 읽을 시간을 확보할 수 있다.

아직 시간 개념이 없는 아주 어린 아이라면 알람이나 타이머를 활용해라. 30분 동안 화면을 사용할 수 있는데, 알람이 울리면 그 시간이 끝나는 거라고 말해줄 수 있다. 나 역시 아들이 어렸을 때 이 방법을 성공적으로 사용했다. 벨이 울리면 아이는 어떠한 의문도 제기하지 않고 노트북을 껐다.

시간 개념을 이해하는 큰 아이라면 시간이 거의 다 되었을 때 5~10분 전 미리 경고하는 방법이 매우 유용하다.

기기를 켜기 전에 먼저 컴퓨터나 게임기를 써도 되느냐고 물어보게 해라. 이렇게 하면 화면 사용이 특권이지 권리가 아니라는 생각을 심어줄 수 있다. 부모는 '그래'나 '안 돼' 혹은 '나중에' 혹은 '그래, 30분 동안' '그래, 숙제를 다 하면' 등 미리 정하거나 동의한 규칙에 맞게 대답하면 된다.

지금 당장 화면 사용 시간을 제한하는 데 문제가 없고 비공식적인 즉석 약속이 효과적으로 보이더라도, 혹은 아이가 어려 아직 디지털 오락을 열심히 하지 않더라도 규칙에 대해 미리 생각해두길 바란다. 가령 아이가 네 살 정도로 어릴 때는 가끔 당신의 아이폰을 갖고 놀더라도 이제 그만하라고 하면 고분고분 따를 수 있다. 이 정도는 문제가 아니다. 그러나 아이가 점점 제 목소리를 내기 시작하고 좋아하는 것과 싫어하는 것이 분명해지면 머지않아 고분고분하지 않을 날이 올 것이다. 아이들은 자란다. 그러므로 "그래, 엄마 아이폰을 가지고 놀아도 돼."라고 말할 때는 반드시 시간 제한을 정해야 한다. 예를 들면 "10분 동안 아이폰을 가지고 놀아도 돼. 그 시간이 지나면 크레용으로 그림을 그리자. 혹은 책을 읽자."라고 말해라.

지금 화면 사용 시간에 대한 규칙을 정해놓으면 화면 사용 시간을 늘려달라는 요구가 들어와도 더 잘 대응하게 될 것이다. 아이는 마음껏 화면을 사용할 수는 없다는 사실을 받아들이며 자랄 것이다.

더 큰 아이들을 위한 규칙

아이가 8세 이상으로 큰 다음 화면 사용 시간에 대한 규칙을 도입하려고 하면 이를 잘 받아들이지 않을 수도 있다. 아이가 얼마나 반항할 것인가는 아이의 나이에 따라 다르고, 부모가 제한하고자 하는 것에 얼마나 익숙해졌는가에 따라 다를 것이다. 그저 마음을 단단히 먹고 절대로 물러서지 말라고 말하고 싶다. 아이가 크면 관리가 더 어려워지지만, 아이는 아직 삶에 대해 배우는 중이고 상황이 자기 뜻대로만 되지 않을 수 있으며 부모가 '안 돼'라고 하면 진심임을 배우는 중이므로 지극히 정상적인 모습이다.

만약 아이가 학교 친구들은 전부 저녁 내내 화면을 가지고 놀 수 있으며 친한 친구들도 원하는 만큼 놀 수 있다고 불평하면 부모의 대답은 "가족마다 규칙이 있고 이게 우리 가족의 규칙이다."라는 말에서 크게 벗어나지 않아야 한다. 화면 사용 시간에 대한 규칙을 정해두지 않아 큰 역효과를 본 가족을 만난 적이 있다. 딸이 즐겁게 닌텐도 DS를 하고 있는데 엄마가 불쑥 "그만 꺼. 충분히 했잖아." 라고 말했다. 딸은 당연히 크게 불만을 터뜨렸고 엄마가 자신의 재미를 망치고 있다고 생각해 가족 간 심한 의견 충돌을 낳았다. 또 시간이 다 되기 전 사전 경고가 없었기 때문에 딸은 스스로 상황을 통제할 수 없다고 생각했다. 만약 엄마가 미리 화면 사용 시간을 정해주고 그 시간이 끝나기 5분 전에 경고를 해주었다면 상황은 모두에게 훨씬 쉬웠을 것이다.

아이들은 궁극적으로 경계를 좋아한다는 사실을 잊지 마라. 아이들은 스스로 잘하고 있다는 것을 알 때 좋아한다. 지킬 규칙이 있어야 착하게 굴고 칭찬을 받기가 더 쉬워진다. 솔직히 아이가 덜 반항적이고 더 순응적인 어린 나이에 화면 사용 시간에 관한 규칙을 정해두어야 나중에 훨씬 더 수월해진다는 것을 알게 될 것이다. 미리 규칙을 정해두면 아이가 자라면서 규칙에 적응할 수 있게 되고, 십대 청소년기에 도달해 디지털 오락에 푹 빠진 것처럼 보일 때에도 더 좋은 위치에서 아이에게 규칙을 강제할 수 있다. 아이들이 점점 성숙해지고 논리적인 설득이 효과적이게 되면 그냥 자리에 앉아 화면 사용 시간 제한에 동의할 수 있을 것이다.

📖 디지털 읽기

이 책 전체에서 읽기를 이야기할 때는 물리적인 책과 디지털 방식의 책을 구별하지 않는다. 두 책 모두 내용은 같고 전달 방식만 다를 뿐이다. 종이책이건 전자책이건 긴 분량의 글을 읽으려면 똑같이 지속적인 집중력이 필요하다.

성인용 전자책은 점점 입지를 넓혀가고 있지만 아직까지 아동용 전자책은 성장 속도가 느리다. 더 많은 기기를 사용하게 될수록 성장 속도도 빨라질 것이다. 어쩌면 아이가 디지털 방식으로 읽는 것을 더 좋아할지도 모른다. 그래도 괜찮다. 특히 아이가 클수록 괜찮다. 오히려 어린 나이에 디지털 책을 사용하는 것에 주의를 기울이라고 경고하고 싶다. 아이가 물리적인 책의 감촉을 즐기고 책을 잡고 페이지를 넘기고 들고 다니는 즐거움을 누리게 해줘라. 이 모든 것이 읽기 경험의 핵심적인 부분이다.

또 종이책이 함께 책을 읽은 추억을 떠올리게 하는 장치가 되면, 이 책 곳곳에서 이야기하는 부모와 자녀 사이의 친밀감 향상에 도움이 될 수 있다. 나는 아직도 어렸을 때 어머니와 함께 읽었던 책들이 뚜렷하게 기억난다. 그중에는 지금까지 간직한 책도 있어서 아들과 함께 읽곤 한다. 특히 책 모서리가 잔뜩 접힌 《푸우 코너에 있는 집》을 좋아한다. 남동생은 보물처럼 간직하던 어린 시절의 책 《족제비의 쌩쌩 스케이트》를 내 아들에게 빌려주었는데, 아들 루이스는 이 책을 몹시 존중하며 조심스럽게 다루었다. 이러한 물리적

지속성은 전자책으로는 얻을 수 없는 점이다. 그래서 나는 아주 어린 나이에 화면 사용이 가져올 수 있는 발달상의 해로움과는 완전히 별개로 물리적인 종이책을 생략하는 게 매우 잘못된 일이라고 생각한다.

화면 사용은 매우 현대적인 문제이다. 컴퓨터의 용도를 인정하는 것과 지나친 사용이 가져올 수 있는 잠재적인 발달상 해로움 사이에서 균형을 찾는 게 오늘날 가족생활의 일반적인 문제 중 하나이다. 아릭 시그만 박사와 같은 보건교육 전문가와 보건 당국은 오락을 위한 화면 사용 시간을 사탕이나 과자나 햇볕을 직접 쬐는 시간과 비슷하게, 하루 몇 분 혹은 몇 시간으로 제한해야 할 또 다른 소비 형태로 바라봐야 한다는 생각에 의견을 모으고있다. 돌아갈 길은 없다. 아이가 균형을 찾을 수 있도록 부모가 나서서 도와줘야 한다.

균형을 찾은 한 가지 예를 소개한다. 어떤 엄마는 아들이 게임을 아주 열심히 한다고 말한다. 일곱 살 아이는 닌텐도 위와 아이패드로 친구들과 똑같이 게임을 한다. 그러나 아이는 책읽기 또한 매우 좋아한다. "아이는 긴장을 풀려고 책을 읽어요. 매일 침대에서 읽죠. 책읽기가 우리에겐 일상이 되었답니다. 아이 방에는 어떤 게임기나 전화기, TV도 두지 않기로 약속했어요."

우리도 할 수 있다!

2장

미취학 아동기

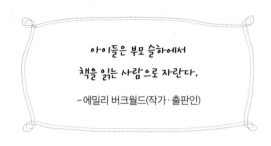

아이들은 부모 슬하에서
책을 읽는 사람으로 자란다.

-에밀리 버크월드(작가·출판인)

잣 태어난 아들을 데리고 집에 왔을 때를 또렷이 기억한다. 아이를 향한 사랑이 충만해, 마치 잃어버린 내 일부라도 되는 것처럼 평생 아이를 사랑하겠다고 느꼈다. 시간이 흐르고 하루가 다 가도록 자나 깨나 아이만 안고 있고 싶었다. 아이를 안전하게 지켜야 하고 모든 일을 제대로 해야 하며 아이를 행복하게 해줘야 한다는 생각에 불안했다. 소중히 여길 일도 많고 걱정할 일도 많아서 마음속에 이상적인 모습으로 그렸던, 절대울지 않고 밤새 잘 자는 아이의 그림은 재빨리 사라져버렸다. 밤이고 낮이고 하루하루를 보내는 게 충분한 모험이었다.

그러나 적어도 한 가지는 나의 통제 아래 있다는 사실에 안도했다. 하루의 스트레스나 긴장과는 상관없이 나는 아이에게 책을 읽어줄 수 있었다. 아주 어린 나이부터 어머니는 나와 두 남동생에게 책을 읽어주었다. 지금도 어머니가 《니블 부인이 집을 옮겨요》를 여러 번 읽어주었던 게 생각난다. 어머니는 70대 나이에도 여전히 그 내용을 완벽히 외울 수 있다. 어머니는 우리 남매에게 책읽기에 대한 사랑을 심어주었다. 그래서인지 나 역시 루이스에게 책을 읽어주어야겠다는 생각이 한 번도 떠난 적이 없다. 루이스가 나처럼 일찍부터 책을 사랑하게 되기를 바랐고 내가 느꼈던 즐거움을 똑같이 경험하기를 바랐다. 읽기를 향한 사랑을 아들과 공유하고 싶었다. 아이에게 젖을 먹이는 것처럼 어머니의 마음도 먹이고 싶었다.

책 읽는 습관

미취학 아동기에 부모와 아이 모두 심오하고도 만족스러운 특별한 변화를 맞는다. 아기가 태어나면 부모에게 오직 먹여주고 씻겨주고 기저귀를 갈아주는 역할만 요구하는 것처럼 보인다. 유아기가 되면서 지속적인 상호작용과 자신이 만든 게임에 대해 반복적으로 관심을 달라고 요구한다. 아이들이 새로운 기술을 배우고 점점 자신의 성격을 드러내는 속도는 어마어마하게 빠르다.

아이 눈에 매일은 낯설고 새로운 것으로 가득하다. 마법과 환상이 실재한다. 괴물이 침대 아래에 숨어있고 이의 요정이 빛나는 새 동전을 가져다주며 산타 할아버지는 모든 아이가 원하는 것을 정확히 알고 있다. 새롭고 기대하지 않았던 일들이 자주 일어나고 세상이 지속적으로 변화하며 매주 수백 가지 새로운 경험이 출몰한다.

새로운 경험은 신날 수 있지만 동시에 겁나고 혼란스러울 수도 있다. 당연히 어린아이는 안전하고 안정감 있고 자신 있게 새로운 모험에 나설 수 있게 해줄 일상에 의존하게 된다. 이때 아이를 위해 그 일상을 창조해줄 사람이 바로 부모다.

부모들에게 가장 자주 듣는 질문이 언제부터 아이에게 책을 읽어주기 시작해야 하느냐다. 짤막하게 대답하자면 '가능하면 일찍부터'이다. 생후 몇 주 혹은 몇 개월에 읽기 일상을 세우려면 어렵겠지만, 일단 가족생활에 단단히 뿌리를 내리면 오랫동안 계속될 기쁨과 차분함과 공동의 관심사를 안겨줄 것이다. 아들 루이스와도 처음 몇 주간 일상을 세우는 시간을 보낸 후로는 읽기 일상이 가족생활의 리듬에 맞게 확립되었다. 우리는 몇 년이 지나도록 그 리듬을 지켜나갔고 아이와 사이에 생긴 유대감도 계속해서 강해졌다.

● 전문가의 견해

아이가 언어를 습득하고 학교에 갈 준비를 하고 배움에 대한 사랑을 키워가기 위해 부모가 해줄 수 있는 가장 중요한 일은 아이에게 책을 읽어주는 것이다.

–《부모가 중요하다》, 러스 외

읽기 습관을 들이려면 가족 일상생활의 중심에 책읽기를 놓는 게 가장 중요하다. 온갖 기회를 활용해서 아이에게 책을 읽어줘라. 젖을 먹일 때나 목욕을 시킬 때나 안아줄 때나 모두 가능하다. 어떤 가족은 기저귀를 갈아줄 때 아기 머리 옆에 책을 세워놓는다. 하루 한 번밖에 읽어줄 기회가 없어도 반드시 읽어줘라. 아기 때에는 무엇을 읽는가는 사실상 중요하지 않다. 아이가 책을 읽어주는 부모의 목소리에 귀를 기울이고 함께 동요를 부르고 편안하고 안정적인 분위기에서 같이 책을 보는 게 중요하다.

> 딸이 태어났을 때 너무 가슴이 벅차올라 아이가 집에 온 그 순간부터 뭐든 많이 하고 싶었어요. 하지만 일찍부터 딸과 아내의 관계에서 아빠인 저는 소외되고 있다고 느꼈습니다. 아내가 젖을 먹일 때 옆에서 거들어주고 또 아내가 자야 할 때 도와주기도 했지만, 아내와 딸만큼 강한 유대감을 느낄 수는 없었어요. 하지만 취침 시간이나 목욕 시간, 혹은 느긋하게 거실에 있을 때나 외출했을 때 아이에게 책을 읽어주기 시작하면서 일상에서 제 역할을 찾을 수 있었습니다. 이렇게 생긴 읽기 습관이 아이가 십 대 초반이 될 때까지 계속되었답니다.
>
> ─마틴(한나의 아빠)

리듬과 일상이 생기면 아이와 함께하는 책읽기 생활의 기초가 생긴 것이다. 이제 기초를 더욱 강화할 쉬운 방법들을 알아보자.

쉽게 들고 다닐 수 있는 책을 선택해라

외출할 때 기저귀 가방이나 유모차 짐칸에 책 한두 권을 가지고 가라. 어디든 앉아서 쉴 때 잠깐 몇 분이라도 함께 책을 읽을 시간은 언제나 존재한다.

📖 책 내용을 강화해라

외출했을 때 주변에 보이는 것들과 책에서 읽은 내용을 서로 연관 지어보자. 고양이나 소방차, 버스, 개를 산책시키는 사람을 보았다면 아이에게 가리켜 보이고 책 내용을 떠올려주자. 그리고 집에 돌아가면 그 책을 꺼내 다시 읽어보자. 아이에게 해로울 수 있는 내용을 본능적으로 조심시키는 것처럼 함께 읽은 내용을 찾아내 언급하는 반사 신경도 길러보자. 《간식을 먹으러 온 호랑이》를 읽었다면 초인종이 울릴 때 "호랑이가 간식을 먹으러 온 건가?"라고 말해보자. 그런 다음 나중에 그 책을 다시 한 번 읽어줘라. 정원에서 지렁이를 봤다면 지렁이를 뱀이라고 생각하는 《미스터 젤리》의 이야기를 떠올려주자. 다시 그 책을 읽어보고 "오늘 이 책에 나온 것처럼 우리도 지렁이를 봤지?"라고 말해주자.

부모와 자녀 사이에 재미있는 상호작용을 가능하게 해주는 책들이 읽기를 즐거운 경험으로 만들어준다. 예를 들어 '간지럼'이 무슨 뜻인지 정확히 보여주는 책을 찾아 읽어라. 상호작용과 그림과 반복적인 문장이 읽기를 무척 재미있는 일로 만들어준다.

이야기를 아이 삶의 필수 요소로 만드는 방법은 여러 가지다. 단지 몇 가지 예지만 쉽게 따라 할 수 있다. 아이가 연결을 지을 수 있는 책을 찾아내 읽어주면 머지않아 함께 본 것을 자연스럽게 포착할 수 있을 것이고, 가족만의 언어와 함께 나누는 추억의 일부가 되어줄 것이다.

긍정적인 연관성을 불어넣어라

책을 읽으려고 자리에 앉을 때마다 긍정적인 언어로 시작해라. 예를 들어 "우리 사랑스러운 책을 읽어보자."라고 시작하면 책읽기가 즐거움과 편안함, 안정감과 연결되는 습관으로 굳건히 세워질 것이다.

전문가의 견해

긍정적인 힘을 키워주는 것이야말로 부모가 가진 가장 강력한 도구이다. 읽기가 긍정적인 경험이 될 때 대단한 이점을 안겨준다.

－아만다 거머 박사

아이들이 자라 함께 읽고 싶은 책을 스스로 선택하기 시작할 때 "안 돼, 이걸 또 읽을 수는 없어!" 같은 부정적인 말은 피해라. 언제나 긍정적인 말을 전해라. 그래야 읽기와 이야기의 즐거움을 격려할 수 있다. 부모가 그리 즐기지 않는 책을 읽어줘야 할 때에도 긍정적으로 생각해야 한다는 뜻이다. 언젠가 아들이 선더버드 함대에 관한 책을 읽어달라고 했을 때 가슴이 철렁 내려앉았던 게 생각난다. 내가 해야 할 일은 엔진과 내부 기기와 장비에 관한 그림의 모든 주석을 전부 읽어주는 것이었다!

● 전문가의 견해 ●

아이가 커서 두 살, 세 살, 네 살이 되어갈수록 부모는 점점 글자를 향해 아이의 관심을 끌게 된다. "여길 보렴. 이건 '코끼리 엘머'라는 글자야. 엘머라는 글자가 또 어디 있는지 찾아볼까?" 이렇게 글자에 관심을 끌려면 우선 아이에게 이 책을 여러 차례 읽어주어야 한다. 아니면 외출했을 때 아이와 함께 본 것과 글자를 연결할 수 있을 때까지 기다려야 한다. 예를 들면 "소피, 저길 봐. 세인스베리라는 글자는 네 이름하고 똑같이 S로 시작하네!"라고 말할 수 있을 것이다.

-데이비드 리디

직장 때문에 낮 동안 아이와 떨어져 지내야 한다면 책이나 책 읽어주기를 특별 선물로 활용할 수 있다. "이따 돌아와서 함께 놀아주고 책도 몇 권 읽어줄게. 정말 재미있겠지?" 이렇게 아이는 책읽기를 행복한 시간, 두 사람 모두 기다리는 시간으로 연결 지을 수 있다.

화면을 향해 '안 돼'라고 말해라

읽기 습관을 기르려면 때로 텔레비전이나 아이패드를 향해 '안 돼'라고 말해야 할 때도 있다. 또 아이에게만이 아니라 부모 자신에게도 '안 돼'라고 말할 수 있어야 한다. 아이에게는 10분만 허락하면서 부모 자신은 오래도록 전화 통화를 하거나 메신저를 사용하곤 한다. 문제는 전화기나 아이패드가 접근성이 지나치게 좋다는 점이다. 작년 한 해의 조사 결과만 봐도 아동의 스마트폰과 태블릿 사용이 엄청나게 증가했다. 그러나 매주 즐거움을 위해 책을 읽는 미취학 아동의 수는 1년 사이 64퍼센트에서 57퍼센트로 줄었다.

> 무엇보다 먼저 책은 즐거움을 위해 읽는 거라는 본보기를 보여주어야 한다. 이러한 배움은 거의 힘이 들지 않는 행복한 부수 효과이다.
>
> -마이클 모퍼고(작가)

전문가의 견해

기술을 적극적으로 받아들여 우리 아이들이 점점 기술적으로 변해가는 세계에서 살아갈 수 있도록 준비를 시키는 것도 중요하다. 하지만 기술적인 장난감을 이용해 아이가 읽기와 학습에 참여하도록 하되 완전히 대체하지 않는 것도 중요하다. 화면 사용 시간은 다이어트를 계획할 때 단것과 특별식처럼 생각하면 도움이 될 것이다. 균형이 핵심이며 특별식은 반드시 제한해야 하고 다른 건강한 활동과 영양 사이에서 균형을 이루어야 한다.

-아만다 거머 박사

읽기가 습관으로 잡혔을 때 찾아오는 장기적인 혜택은 화면 사용 시간을 허락했을 때 얻을 수 있는 단기적인 평화보다 몇 배 더 크다. 화면과 텔레비전을 보는 대신 책을 읽으면 가족 정체성을 공유할 수 있다. "우리 가족은 이렇게 한단다."라는 생각을 아이에게 보여줄 수 있다. 책읽기를 마지못한 의무나 '덜 좋은' 선택이 아닌 표준으로 생각한다. 부모 스스로 시간을 내 책을 읽으며 본보기를 보여준다면 더욱 강화될 것이다.

성공 사례와 함께 나눈 이야기를 점점 쌓아가라

읽기 습관이 개발되면 아주 이른 나이부터 얻는 게 많아진다.

루이스에게 책을 많이 읽어줄수록 우리를 하나로 묶어주는 이야기가 점점 늘어났다. 또 아이가 자라면서 읽기가 아이의 발달에 심오한 영향을 미친다는 사실을 발견할 수 있었다. 외출할 때마다 우리 눈에 들어온 것들과 내가 읽어준 이야기 속에서 접한 단어를 연결 짓는 것도 점점 즐거운 경험이 되었다. 당시 16개월이었던 루이스와 친구 집 주방에 앉아 있었던 때가 지금도 생생하게 떠오른다. 그 집 벽지는 나비 무늬로 꾸며져 있었는데 루이스가 그것을 가리키며 '애버레'라고 말했다. '애벌레'라는 뜻이었다. 나는 루이스가 나비와 애벌레를 연결 짓는 것을 보고 깜짝 놀랐다. 생각해보니 얼마 전 애벌레가 나비로 변신하는 내용의 《배고픈 애벌레》를 함께 읽었던 것이다. 이렇게 아이가 함께 읽은 내용에서 배운 정보를 실생활에서 사용할 수 있다는 것을 깨달은 후로 더 열심히 책을 읽어주게 되었다!

캐릭터가 등장하는 이야기를 활용해라

어린아이에게 소리 내어 책을 읽어주는 것은 언어와 인지 기술을 자극하는 최고의 활동이면서 동시에 동기와 호기심을 자극하며 기억도 쌓아준다.

－베티 바디지
《말해보렴 아가야》 중에서

아이가 가만히 앉아 책을 읽거나 혹은 읽어주는 것을 듣게 하려면 아이가 좋아하는 텔레비전이나 영화 속 캐릭터가 등장하는 책을 활용하는 게 좋은 방법이다. 세 살 된 아들이 TV의 《꿀꿀 페파는 즐거워》를 무척 재미있게 보는데 막상 책을 읽어주려고 하면 몹시 싫어했다. 부모는 취침 시간에 아이가 좋아하는 《꿀꿀 페파는 즐거워》 책을 읽어주고 나서 부모가 고른 책 한두 권을 더 읽어주었다고 한다. 그랬더니 취침 시간 책을 읽는 일상이 제대로 잡혔다. 이제 아이는 자리에 앉아 책을 읽는 활동을 스스로 즐기게 되었다.

캐릭터와 연결하기

아이들이 캐릭터와 결합하는 방식은 네 가지가 있다. 즉 반영, 모방, 양육 그리고 탈동일시다. 캐릭터는 아이의 삶과 열망을 반영할 수 있고 배우도록 도와줄 수 있으며 위안거리가 되어주기도 한다.

그래서 좋아하는 캐릭터가 등장하는 이야기는 아이들에게 깊은 영향을 안겨줄 수 있다.

전문가의 견해

아이들이 캐릭터를 좋아하는 것은 자신과의 동일시를 통해 캐릭터 안에서 자신의 모습을 발견할 수 있기 때문이거나, 혹은 이미 알려진 세계에서 탈출해 상상의 자유를 누릴 수 있기 때문이다.

-아만다 거머 박사

반영 아이는 자신에게서 캐릭터의 속성을 알아보기도 하고 이야기와 상황을 자신의 삶과 연관 짓기도 한다. 캐릭터가 나랑 비슷하다고 생각하면 자연스럽게 캐릭터와 이야기를 자신과 동일시한다. '꼬마 기관차 토마스'가 좋은 예이다. 토마스는 잘하려고 하지만 때로 실수를 저지른다. '곰돌이 푸'의 피글렛도 몸집은 작지만 대단한 일을 할 수 있기 때문에 어린아이들의 반영이다. 피글렛은 겁도 많고 실수도 저지르지만, 동시에 대단한 용기를 발휘하기도 하고 친구들에게 매우 성실하다.

모방 아이들은 어떤 면에서 캐릭터와 비슷해지기를 원한다. 이 캐릭터는 아이들이 동일시 할 수 있는 현실적인 감정을 보여주기도 하지만 생활 방식이나 존재는 반영의 캐릭터보다 높은 곳에 위치한다. '벤 10'과 '힘센 씨'가 좋은 예이다. 아이가 캐릭터를 모방할 수 있다면 이는 매우 강력한 결합이다. 당연히 슈퍼히어로들은 고전적인 예이다. 그러니 게임이 아이들에게 호소력이 클 수밖에 없다고 생각한다. 아이들은 게임을 통해 존경하고 우러러보는 캐릭터의 페르소나가 될 수 있다.

양육 약 12세까지의 아이들은 캐릭터와 이야기 속에서 일종의 안전을 추구한다. 양육을 통한 결합은 아이가 '어른'처럼 캐릭터를 보살피거나 혹은 거꾸로 캐릭터가 독자를 돌보는 능력을 보여준다. 한 가지 예가 '곰돌이 푸' 캥거이다. 캥거는 루를 양육하고 이야기에 안정성과 위안을 심어준다.

탈동일시 아이들은 나쁜 악당이나 좋은 캐릭터의 나쁜 행동을 통해 자신의 어두운 면을 탐험한다. 좋은 캐릭터가 나쁜 행동을 하면 아이는 현실 생활과의 유사점을 비교해볼 수 있게 된다. 아이들은 캐릭터의 행동이 낳은 결과를 보고 배운 점을 자신의 삶에 적용한다.

남자아이

아들들은 가만히 앉아 이야기 듣는 것을 어려워할 수도 있다. 남자아이가 더 활동적인 성향이 있기 때문이다. 네 살에 남자아이의 테스토스테론 수치는 두 배로 솟구친다. 이 나이에 남자아이들은 영웅적인 행동과 활발한 놀이에 흥미를 느낀다. 이런 사실을 이용해 액션 히어로에 관한 책이나 행동이 필요한 책, 소리를 지르고 에너지 수준을 높일 수 있는 책을 고르면 좋다.

> 방금 보모가 오스카가 평소보다 훨씬 오래 책을 보며 지냈다는 소식을 전해왔다. 얼마나 기쁜 소식인지 모르겠다. 나는 오스카를 낳고 집에 오자마자 흑백 초점 책부터 시작해 꾸준히 책을 읽어주었다. 지금 15개월인 아이는 모든 것에 흥미를 보이고 무척 활동적이고 분주하다. 아이가 내 무릎에 앉는 시간은 책을 읽어줄 때가 유일하다! 20~30분간 가만히 앉아 있는데, 그 시간에 아이를 실컷 안아줄 수 있다.
>
> -루(오스카의 엄마)

책 읽는 법

영아기나 유아기에 읽는 법에 관한 섹션을 포함하는 게 약간 이해가 안 될 수도 있겠지만, 내 경험과 다른 부모들과 대화를 나누고 관찰한 모습에서 얻은 기발한 방법을 소개하고자 한다. 아이의 흥미를 유지하는 데 큰 도움이 될 것이다.

● 목소리에 색깔과 리듬과 억양을 활용해 다양한 말투를 써보자. 과장된 말투가 재미를 줄 수 있다. 크게 놀란 시늉을 하거나 잔뜩

기대하는 마음을 보여주려고 숨을 날카롭게 들이마시거나 위험한 상황에서 "이런, 안 돼!"라고 소리칠 수도 있다. 허풍을 떨고 과장할수록 아이들은 좋아한다.

● 캐릭터가 다르면 목소리와 억양도 다르게 해라. 완벽한 억양을 구사할 필요는 없다. 그냥 목소리만 다양하게 해도 충분하다. 예를 들어 한 캐릭터는 저음, 다른 캐릭터는 고음으로 하면 된다.

● 문장을 다 끝내기 전에 잠깐 멈추고 아이가 익숙해진 구절을 완성할 수 있게 해주자. 아이들은 반복을 좋아하고 다음에 무슨 말이 나올지 안다는 것을 보여주는 것도 무척 좋아한다.

● 아이가 즐기는 것처럼 보인다면 그림에 많은 시간을 할애해라. 아이가 말을 배우기 전이면 "뭐가 보여?"라고 물어보고 "버스랑 개가 있네?"라고 대답하는 식이다. 아이가 점점 그림을 알아보면 "개구리가 어디 있지?" "트랙터가 보여?"라고 물어보고 아이가 손으로 가리킬 수 있게 해주자. 아이가 말을 배우면 "뭐가 보여?"라고 직접 물어볼 수도 있다. 또 부모가 안 보이는 척하면 아이들은 부모보다 자신이 더 많이 안다고 생각해 무척 좋아할 것이다. "어라, 개구리가 안 보이네? 너는 보여?"라고 물어보고 아이가 개구리를 찾으면 칭찬을 듬뿍 해줘라.

● 책에 생명력을 불어넣어라. 바닷가에 놀러 간다면 바다와 관련한 책을 찾아라. 예를 들면 《루시와 톰은 바닷가에 갔어요》가 있을 것이다. 바다에서 벌어지는 이야기를 들려주는 책은 많다. 《꽈당 씨》를 보면 주인공이 바닷가의 어느 구멍으로 떨어진다. 아이와 모래밭에 구멍을 뚫고 "이건 꽈당 씨의 구멍이야."라고 말해주고 저녁에 집으로 돌아가 그 책을 다시 읽어줄 수 있을 것이다.

● 속도를 느리게 해라. 보통 소리 내어 책을 읽다 보면 속도가 점점 빨리지는 경향이 있다. 각 낱말과 문장에서 재미를 최대한으로 끌어내려면 시간을 많이 할애해야 한다. 단어 몇 개를 더듬는다고 해서 문제가 되지는 않는다. 아이는 부모의 전폭적인 관심을 받는 것 자체를 즐기고 있다는 사실을 잊지 마라.

● 책 한 권을 다 끝내지 않아도 된다. 아이가 산만해지기 시작하면 다른 책을 읽고 싶은지 물어봐라. 아이가 선택하게 해라.

● 책을 읽는 동안 건강에 좋은 간식을 먹도록 허락해라.

부모들은 종종 책을 얼마 동안 읽어야 하느냐고 물어본다. 다른 일들과 마찬가지로 이 질문에 정해진 답은 없다. 아이에 따라, 언제 읽어주느냐에 따라, 또 시간이 얼마나 있는지에 따라 다르다. 아주 어린 아이라면 5~10분 정도가 아이가 감당할 수 있는 집중력

범위이다. 아이가 점점 커서 취침 시간이 규칙적으로 안정되어가면 더 많은 시간을 내라고 말하고 싶다. 루이스가 네 살 때 우리는 하룻밤에 책 네 권을 읽었다. 그림책이었으므로 충분히 감당할 수 있었다. 챕터북으로 옮겨가면서 몇 권이 아니라 몇 챕터를 읽을 것인가로 단위가 바뀌었다. 우리는 책에 따라 하나나 두 챕터, 혹은 세 챕터씩 읽었다.

> 가족과 함께 일주일에 적어도 세 번 책을 읽는 아이들은 덜 읽는 아이들보다 읽기 점수가 상위 25퍼센트 안에 드는 경우가 두 배 가까이 많았다.
>
> -〈조기아동기 장기 연구〉, 미국 교육부

언제가 책을 읽기에 가장 좋은 시간인지 물어보는 부모도 많은데, 간단히 대답하자면 '가능할 때마다'이다. 그러나 매일 확실히 관리할 수 있는 시간을 정해두는 게 좋고, 그런 맥락에서 보면 취침 시간이 가장 일반적이다. 목욕 시간과 책 읽는 시간, 취침 시간, 이세 가지 일상이 일찍부터 자리를 잡으면 부모와 자녀가 함께 보내는 시간의 질이 높아진다. 누가 읽어줄 것인가는 엄마나 아빠, 할머니, 할아버지 등 다양하게 정할 수 있다. 가능하면 믿을 수 있고 사랑이 담긴 목소리로 하자. 취침 시간 외에 아기와 의자와 책을 붙잡을 기회가 생기면 주저 말고 붙잡아라. 어떤 시간이든 부모와 가까이 앉아 이야기를 들을 수 있다는 것을 알 수 있는 어느 한 시점을 분명하게 정해라.

아이가 책에 몰두하지 못하는 것 같으면 아이가 긍정적으로 반응하는 것들에서 신호를 포착해라. 큰 소리로 읽어줄 수 있는 이야기나 몸을 활발히 움직일 수 있게 해주는 이야기, 노래할 수 있는 이야기, 재미난 목소리를 꾸며 들려주는 이야기 등을 좋아하는 것처럼 보이면 그런 종류의 책을 더 많이 찾아보자. 아이가 무엇을 좋아하고 무엇을 싫어하는지 더 많은 사실을 알 수 있는 흥미로운 방법이다. 아이가 더 크면 함께 읽을 책을 직접 고르게 해라. 그러다 보면 같은 책을 몇 번이고 반복해서 읽어주어야 할 때도 있다. 그래도 너무 걱정하지 마라. 아이들은 반복을 좋아하고 반복은 안정감을 높여준다.

그러나 매일 밤 같은 책을 읽어주는 게 정말이지 너무 지겹다는 생각이 든다면 아이가 한 권 부모가 한 권 공평하게 선택하자고 제안해라. 그렇게 하면 두 권의 책을 읽을 수 있게 되고 부모도 뭔가 다른 책을 읽을 수 있게 된다(또 협동과 공유의 개념을 일찍부터 도입할 수 있다). 루이스는 유아기 때 엄마가 책을 읽어주었던 순간이 지금도 기억나는데, 그때 가장 좋았던 점은 '자유롭게 선택하고 방해받지 않았던 점'이라고 말하기도 했다. 잊지 마라. 미취학 아동기를 살아간다는 것은 아이에게도 결코 쉬운 게 아니다. 아이가 선택할 수 있는 것은 매우 제한되어 있다. 그만 자라는 말을 들으면 자러 가야 한다. 채소도 먹어야 하고 다른 역겨운 음식도 먹어야 하며 그러기 싫어도 다른 친구들과 장난감을 나눠 놀아야 한다. 엄마 아빠 말은 다 들어야 한다. 아이라면 누구나 약간의 독립성을 갈구한다. 그 선택을 읽기와 결합할 수 있다면 독립성이 많을수록 좋다. 아이가 선택을 하지 못하거나 하고 싶어 하지 않아도 괜찮다. 미취학 아동기에 지나친 선택의 기회는 오히려 힘들다. 두 권 중 하나를 고르게 하는 식으로 편안하게 해줘라. 또 잡지 판매대에서 한 권을 고를 때도 비슷한 방법을 쓰면 효과적이다. 선택할 거리가 너무 많을 때 루이스에게 두 권을 골라서 보여주면서 "어떤 게 좋아? 이거, 아니면 이거?"라고 물어봤을 때가 훨씬 더 좋았다.

책 읽는 집

책 읽는 집이란 글로 되었든 말로 되었든 책과 낱말과 이야기가 가득한 집을 말한다. 모든 방에 읽을거리가 있다. 화장실에도 침실에도 부엌에도 욕실에도 정원에도. 어디에 있든 상관없다. 손 닿는 곳에 책과 잡지와 다른 형태의 글로 된 것들이 놓여있다. 책은 이 집의 분위기와 느낌의 일부이다.

배경에 깔린 생각은 간단하다. 읽을거리를 찾는 게 아이패드를 집어 들거나 텔레비전을 켜기보다 쉽지는 않겠지만 적어도 그만큼은 쉽게 하자는 생각이다. 집 안을 책과 잡지로 가득 채울 만큼 경제적인 여력이 없다면(혹은 여력이 있더라도) 이야기를 삶에 불러와 함께 대화를 나누고 아이에게 하루의 이야기를 들려주며 평소 볼 수 있는 캐릭터와 장소 등을 아이가 책에서 만난 캐릭터와 연결할 수 있다. 또는 친구들에게서 책을 빌려 올 수도 있을 것이다. 친구들이나 임신 중 만난 다른 가족과 서로 책을 돌려 읽을 수 있는 도서관을 만들어보자. 또 중고 서점이나 학교 축제, 바자회 등을 활용해 책을 값싸게 구하고 여러 가지 읽을거리를 구해보자.

일단 집에 책이 다양하게 생기면 책 등 쪽이 아니라 표지 쪽이 바깥으로 보이도록 놓자. 표지야말로 출판사가 가장 신경 써서 만든 부분이 아니겠는가! 그런 만큼 애써 만든 표지를 덮어놓는 낭비를 하지 말자. 심지어 표지가 밖으로 향하게 만든 책꽂이도 있다. 아이가 거실이나 놀이방에서 주로 논다면 매일 서너 권 다른 책을 장난감 사이에 갖다 놓자. 아이는 주변에서 책을 보는 것에 익숙해질 것이고 혼자서도 책을 집어 들게 될 것이다. 책과 놀이가 결합할 것이고 언젠가는 책 읽는 시간이 아닌데도 책을 읽어달라고 요청할지도 모른다.

주변에 어린이 책이 많이 있어야 하지만, 부모가 자신의 즐거움을 위해 책 읽는 모습을 보여주는 것도 역시 중요하다. 부모는 아이의 가장 큰 역할 모델인 만큼 부모가 책 읽는 모습을 보여주면 아이도 부모를 따라 하고 싶어질 것이다.

생일 선물이나 크리스마스 선물로 책을 주는 습관을 들여라. "우리는 항상 크리스마스에 책을 주고받지."라고 생각할 수 있게 가족의 전통으로 만들어라. "올해는 양말 속에 어떤 책이 들어 있을까?"라는 기대를 심어줘라.

보상과 특별 선물로 책을 주고 아이 친구들에게도 생일 선물로 책을 줘라. 또 아이에게 잡지를 줘라. 어떤 종류든 읽는다는 것 자체가 얼마나 특별하고 귀한 경험인지 보여줘라. 모든 읽기는 좋은 읽기다.

> 27개국에서 이루어진 7만 건 이상의 연구를 조사한 결과 책이 많은 가정에서 자란 아이들은 책이 없는 집에서 자란 아이들보다 부모의 학력, 직업, 계층과 상관없이 교육 기간이 3년 더 길었다.
>
> -〈27개국의 책과 교육 기간〉
> 마리아 에반스, 미국 네바다 대학교 리노 캠퍼스

무엇을 읽을 것인가?

생후 6개월까지는 습관이 형성되는 중이므로 무엇을 읽을 것인가는 사실상 중요하지 않다. 동요를 부르거나 심지어 부모가 읽는 소설이나 잡지를 소리 내어 읽어주면서 함께 10분을 보내라. 중요한 것은 목소리와 일상이다.

6개월이 지나면 목욕용 책을 보여주는 게 좋다. 반복과 책의 구조 덕분에 아이가 책에 관심을 보이고 즐거워할 수 있다. 게다가 이런 책들은 아이가 씹어도 견딜 수 있게 만들어졌다! 아이가 더 크면 함께 읽고 싶어 하는 것과 별로 좋아하지 않는 것을 더 많이 알게 될 것이다.

한 책을 여러 번 반복해서 즐길 수 없다면 읽어봤자 아무 소용이 없다.

-오스카 와일드

또한 새로운 경험을 하기 전 책을 이용해 도와줄 수도 있다. 치과에 가야 하거나 새로 놀이집단에 들어갔을 때, 동생이 생겼을 때, 심지어 기저귀를 뗄 때도 책은 훌륭한 도움을 준다. 출판사는 이런 경우를 매우 능숙하게 다룬다. 《탑시와 팀》, 《꼬마 생쥐 메이지》 시리즈, 어스본 출판사의 《첫 경험》 시리즈는 어린아이들이 어려운 시기를 보낼 때 상황을 이해하고 무사히 경험을 치를 수 있게 도와준다.

아이가 첫돌 정도가 되면 플랩북을 시도해보자. 에릭 힐의 《스팟이 어디에 숨었나요》와 로드 캠벨의 《친구를 보내 주세요》 같은 책은 아이의 참여와 기대감, 예측을 발달시킬 수 있다.

재미있는 책들도 많다. 아이들은 웃는 것을 좋아하기 때문에 좋아하는 책을 반복해서 읽어달라고 할 것이다. 다시 말하지만 이런 책들에 담긴 농담은 가족이 공유하는 소중한 언어가 될 것이다.

아이가 읽는 방법에 관심을 보이면 각 글자의 발음법을 이해할 수 있게 도와줘라. 그러나 읽는 법을 가르쳐야 한다는 부담감은 없어야 한다. 읽기는 학교에 가서 배우게 해라. 가정에서 읽는 시간

은 읽기 자체의 즐거움과 기쁨을 보여주고 나누는 경험이 되어야
한다.

할 것과 하지 말 것

미취학 아동기에 읽기 습관을 세우는 데 도움이 될 만한 전략을 소개한다.

할 것

👍 취침 시간마다 이야기책을 읽어줘라. 예외는 없다.

👍 취침 시간에 어떤 책을 읽어줄지 아이가 고르게 해라.

👍 언제 어디서나 읽어라. 고정된 읽기 시간을 정하는 것도 좋다. 아이가 어린이집에 다니기 시작하면 아이의 하루에 체계가 잡히기 때문에 함께 앉아 책 읽을 시간을 규칙적으로 정해 보자.

👍 동요를 부르고 동시를 읽어줘라. 아이들은 라임과 리듬을 좋아한다.

👍 외출할 때는 항상 책을 가져가라.

👍 아이가 어릴 때는 캐릭터가 등장하는 책을 보여줘라. 아이는 좋아하는 캐릭터와 자신을 동일시하고 자신의 대중문화를 사랑한다. 자주색 공룡 바니가 부모의 취향에 완전히 어긋나더라도 받아들여라.

👍 가능하다면 화면 사용 시간을 향해 "안 돼."라고 말해라.

👍 때로는 형제나 사촌 혹은 이웃 아이들에게 책을 읽어달라고 부탁해라. 아이의 목소리로 듣는 이야기는 분위기와 관점이

달라질 수 있다.

👍 외출할 때는 함께 읽었던 책의 내용과 눈에 들어오는 것을 서로 연결 지어보자.

하지 말 것

👎 책을 읽어주지 않겠다는 것을 절대 벌로 사용하지 마라.

👎 책을 부정적인 것과 연관 짓지 마라. 우리는 지금 책읽기와 이야기와 책을 즐거움과 재미의 동의어로 만들려고 노력하고 있다.

👎 아이가 고른 책에 대해 지루한 기색을 내비치지 마라.

👎 침실에 텔레비전이나 화면을 두지 마라. 그러지 않으면 읽기가 오락을 위한 활동 목록의 맨 아래로 떨어지게 된다.

> 아동 2,623명을 대상으로 한 최근 미국의 연구 결과를 보면 1~3세에 TV를 본 아이들은 7세가 될 무렵 집중력에 문제가 생길 위험이 심각하게 증가했다.
>
> -《소아과학회 저널》논평

Q&A

Q : 앉아서 책을 읽을 시간이 없습니다. 할 일이 너무 많아요. 어떻게 하면 좋을까요?

A : 시간의 길이는 일상만큼 중요하지 않다. 매일 10분씩만 함께 책이나 잡지를 읽어도 나중에 아이와 당신에게 돌아올 이로움은 열배가 넘을 것이다.

Q : 아들이 2분 이상 가만히 앉아있질 않아요. 어떻게 해야 10분 넘게 제 무릎에 앉아있을 수 있을까요?

A : 아이가 가장 덜 활동적인 시간대를 알아내 그 시간에 아이를 무릎에 앉혀라. 씹을 거리나 간식거리, 좋아하는 장난감처럼 붙잡고 있을 것을 줘라. 특별히 몸을 움찔거리는 아이라면 취침 시간에 책을 읽어줘라.

Q : 아이가 이야기 전체에 집중하지 못해요. 어떡하죠?

A : 읽다 말다 해도 괜찮은 책, 예를 들면 사실 관계를 다룬 정보 책을 시도해보자. 그러면 앞부분에 무슨 일이 있었는지 기억해야 할 부담감이 없다. 어떤 부모는 미취학 아동기 아이가 몹시 산만해 취침 시간에 지도를 보여주었더니 침대에서 과도하게 뛰는 것과 책에 흥미를 보이지 않는 것을 모두 해결했다고 한다.

Q : 아이들 연령대가 다른데 어떻게 해야 두 아이 모두에게 책을 읽

어줄 수 있을까요?

A : 가장 좋은 방법은 아이들 각자 부모와 함께 읽고 싶은 책을 한 권씩 고르게 하고 나머지 한 권은 다 같이 읽는 것이다. 두 아이 각자 읽을 책을 고르고 함께 읽을 책은 번갈아 고르게 해주면 둘 다 행복할 수 있다. 큰아이 나이에 따라 일부 단어나 문장을 같이 읽도록 격려해보자.

발달 단계

미취학 아동기 핵심적인 발달 사항을 몇 가지 살펴보자.

출생부터 사물을 향해 손을 뻗는다. 웃는다. 미소 짓는다. 주먹을 쥐고 사물을 잡는다. 흑백을 보던 것에서 점점 색깔을 볼 수 있다.

6개월부터 연속성을 이해하기 시작한다(예를 들면 밤이 지나고 낮이 온다는 것을 안다). 반복을 좋아한다. 자신을 향해 다가오는 것을 붙잡고 당길 수 있다.

12개월부터 같은 책을 몇 번이나 반복해서 선택한다. 플랩북을 보기 시작한다. 알아들을 수 있을 정도로 단어를 발음하고 이름에 반응하기 시작한다.

18개월부터 논리적인 추론을 이용하기 시작한다. 모양을 구분하기 시작한다. 퍼즐(8조각 이하)을 완성하기 시작한다. 리듬감각을 개발한다. 밝은색과 촉각 경험에 끌린다. 신호와 상징을 알아본다. 끄적거릴 수 있다. 재미있는 언어, 음성, 라임이 있는 반복적인 텍스트를 좋아한다. 한 페이지에 담긴 낱말들을 따라가고 연속성을 안다. 동사를 포함해 세 단어로 구성된 문장을 만들 수 있다. 연필을 쥐고 터치스크린을 사용할 수 있다.

3세부터 다섯 명 중 두 명의 아이들이 5~10개의 글자를 말할 수 있다. 듣기를 즐기고 단순한 이야기를 다시 들려줄 수 있으며 아는 캐릭터가 등장하는 반복적인 이야기와 라임을 즐긴다. 그림책이나 잡지에서 일반적인 물체를 말할 수 있다. 왼쪽에서 오른쪽으로 흘러가는 단어의 연속성을 이해한다. 문맥 속에서 단어를 알아보고 페이지의 글자들이 말의 음성을 나타낸다는 사실을 이해한다. 운동 기술이 좋아진다. 스스로 먹을 수 있고, 다른 사람은 다른 방식으로 사물을 본다는 것을 이해하기 시작한다.

참고 사항 아이마다 발달 속도가 무척 다르고 연령대별로 습득하는 기술도 다르다. 주로 아이의 환경에 따라 달라진다. 그러나 어떤 기술을 몇 살에 습득하든지 단순한 기술을 바탕으로 더 복잡한 기술을 쌓아가는 연속 과정이다. 예를 들면 근육 발달을 지지하는 대근육 운동 기술이 발달해야 미세한 운동 기술을 사용하는 글쓰기를 배울 수 있다. 무엇보다 어떤 아이도 완전히 똑같을 수는 없다는 사실을 잊지 마라!

3장

학교 생활의 시작

> 책은 아이들의 기를 죽여서는 안 된다,
> 재미있고 신나고 놀라워야 한다,
> 책을 읽을 줄 알게 되면 대단히 이롭다,
>
> -로알드 달

아이가 학교에 들어가면서 많은 가족이 비슷한 일을 경험한다. 즉 아이와 함께 책을 읽는 경험에서 부모가 한발 뒤로 물러난다. 이런 모습을 수없이 목격했다. 학교에 들어가면 생각할 것도 경험할 것도 당혹스러울 정도로 많아지다 보니 미취학 아동기에 잘 세워놓은 일상이 흔들리기 쉽다. 점심을 준비하고 학교에 데려갔다 데려오고 놀이 약속에 데려가고 방과 후 활동까지 챙기다 보면 함께 앉아 책을 읽던 즐거움이 점점 사라진다. 재미를 위해 아이에게 책을 읽어주던 게 아이 스스로 책을 읽기 바라는 마음으로 변한다. 이제 읽기 자체보다 읽는 기술을 더 중시한다. 안타깝게도 학교생활이 시작되는 때는 우리가 아이에게 책을 읽어주는 모습이 급격히 줄어드는 시기이기도 하다.

학교생활이 시작되면 가정생활에 새로운 외부 요인이 개입하게 된다. 다른 아이들과 다른 부모들을 만나게 되고 어떤 일을 하는 방식이나 놀이 방식도 달라진다. 오랜 시간에 걸쳐 애써 키워온 읽기 습관이 길을 잃지만 않는다면 이 모든 변화는 환상적인 기회가 될 수 있다.

이번 장은 아이가 가정이나 어린이집에서 초등학교로 옮겨갈 때의 전환 과정을 어떻게 관리할 것인가를 살펴볼 것이다. 아이가 독립적으로 책 읽는 방법을 배우는 것과 읽기 자체를 계속 즐기는 것 사이의 균형을 유지하는 게 중요하다.

아이의 학교생활

매우 유쾌하고 신나는 순간이다. 아이가 학교에 들어가고 처음 몇 년간 읽는 법을 배우니까. 대부분 아이들은 읽는 법을 즐겁게 배우고 부모들은 발전하는 그 모습을 보고 뿌듯함을 느낀다. 많은 아이가 별 무리 없이 이 전환기를 헤쳐 나가며 조금씩 배워가는 여정을 즐긴다. 그러나 어떤 아이는 이 과정에서 전혀 재미를 느끼지 못한다. 읽기를 배우는 게 어렵고 자신감도 떨어진다. 아이들 중 몇몇은 그 과정에서 읽기 자체를 완전히 중단하기도 한다.

많은 부모 역시 이 시기를 어렵게 생각한다. 일상이 변화하고 아이가 학교에서 돌아와 저녁이 되면 이미 지쳐서 저녁에 해야 할 일, 하고 싶은 일을 할 시간도 별로 없다. 게다가 아이 스스로 즐거움을 위해 혼자서 책을 읽게 되길 바라면서 부모의 걱정과 좌절감이 늘어날 수도 있다. 매일 저녁 쓸 수 있는 시간이 점점 줄어드는 형편에 아이에게 책을 읽어줄 시간이 점점 뒤로 물러난다. 직장 생활, 부모 자신의 분주한 생활과 아이가 요구하는 생활 사이에서 균형을 찾기가 점점 어려워진다. 그렇다 보니 읽기 습관을 유지하거나 새로 만들기 위해 시간과 에너지를 확보하는 일이 별로 매력적인 계획으로 보이지 않는다!

게다가 학교에서 배우는 읽기는 미취학 아동기에 편안하게 그림책을 읽던 시절과는 매우 다른 일이 되어버린다. 이를 아이의 관점에서 한번 생각해보자. 학교에 들어가기 전 부모가 책을 읽어주는 시간은 느긋하게 긴장을 풀고 부모의 전폭적인 관심을 즐기면서 이야기가 주는 재미와 마법 속으로 빠져 들어갈 수 있는 시간이었다. 그런데 학교에 들어가면서 읽기가 완전히 방향을 바꿔버린 듯한 기분이 든다. 이제 읽기는 배워야 할 임무라는 메시지를 접하게 되고 종종 압박감을 느낀다. 많은 아이가 매일 저녁 15~20분 동안 책을 읽어야 한다는 말을 듣고 집으로 돌아온다. 선택의 여지가 없다. 선생님이 이런 숙제를 내준 것은 소리 내어 읽기가 읽는 법을 배우고 내용을 이해하는 가장 효과적인 방법이기 때문이지만, '해야 한다'는 부분 때문에 어떤 아이들은 아예 관심을 꺼버릴 수도 있다.

> 인간이 알파벳으로 읽는 법을 배우는 데 필요한 인지적인 약진을 이루는 데 대략 2천 년이 걸렸지만, 오늘날 우리 아이들은 대략 2천 일 만에 글자에 대해 똑같은 통찰력을 확보해야 한다.
>
> ─매리언 울프 《책 읽는 뇌》

이 문제를 해결할 방법은 두 가지가 있다.

첫째, 당연한 소리 같겠지만, 아이가 학교에서 읽는 책을 좋아하게 해줘라. 그러지 않으면 선생님에게 설명하고 아이가 조금 더 좋아할 만한 책, 어쩌면 재미있거나 웃긴 책으로 바꿀 수 있게 해라.

둘째, 학교에서 읽는 책을 취침 시간에 읽어주지 마라. 의무적인 학교 읽기를 취침 시간에 읽어 일거양득 효과를 노리려다가 본의 아니게 아이의 즐거움을 빼앗고 읽기를 즐거움이 아닌 숙제로 생각하게 하는 부모를 자주 봤다. 부모가 알아채기도 전에 취침 시간은 단순한 즐거움과 재미를 누리는 시간이 아니라 숙제하는 시간으로 전락해버린다. 심지어 갈등의 시간이 되어 아이들이 끔찍하게 생각할 수도 있다. 즉, 부모와 아이를 하나로 묶어주는 게 아니라 다툼을 일으키는 시간이 될 수 있다.

오래전부터 초등학교에 입학하는 전환기에 대해 많은 교사와 대화를 나눠왔다. 이들은 이 전환기의 두 가지 측면을 강조한다.

첫째, 아이가 즐거움을 위해 책 읽는 습관을 강화하면서 읽기를 배울 수 있도록 부모와 교사가 함께 도와야 한다. 상당히 중요한 협업이다.

둘째, 가정에서 책읽기는 습득이 아니라 즐거움에 초점을 맞춰야 한다. 습득은 학교에 맡겨라.

사실 대다수 교사가, 학교에서는 거의 전적으로 읽는 방법을 집중해서 가르쳐야 한다는 사실을 유감스럽게 생각한다. 교과과정이 아이의 읽기 기술을 시험하고 평가하는 것에 집중되어 있고 시간도 매우 촉박하고 시간표도 빡빡하다. 많은 교사가 순수한 즐거움을 위해 책을 읽고 느긋하게 긴장을 풀 시간이 충분하지 않다고 말한다. 예를 들면 이해 정도를 평가해야 한다는 부담감 없이 즐겁게 책을 읽을 시간 말이다. 이러한 상황에서 읽기는 학습을 위한 것이라는 메시지를 전달한다.

아이가 학교에 들어가 주변 세계가 극적으로 바뀔 때 부모는 읽기에 관한 자기 역할이 무엇인지 확신하지 못하기 쉽다. 어떤 부모는 아이들에게 책을 그만 읽어줘야 하는지, 혹은 본인이 음성학을 배우지 않아서 잘 모르니까 학교에서 가르치는 읽는 법을 도와줄 수 없는지 물어본다. "어쩌면 학교에 맡겨두는 게 가장 좋을지도 몰라. 전문가니까."라고 생각한다. 만약 그렇다면 당신은 아이에게서 어마어마하게 즐거운 경험을 빼앗고 있으며 경이로운 유대의 시

간을 부정하고, 무엇보다 아이에게 읽기에 관한 부정적인 메시지를
전달하는 셈이다.

전문가의 견해

학교와 어린이집 모두 음소를 인지하고 글자 사이 발음 관계를 이
해할 수 있게 지도한다. 그런다고 해서 부모가 읽는 법을 가르치면
안 된다는 말은 아니다. 아이가 어린이집에서 돌아와 "이 낱말은
뭐야, 엄마?" 혹은 "이 글자는 어떻게 읽어?"라고 물어볼 때 부모
는 이런 질문에 대답해서는 안 된다고 느껴서는 안 된다.

ㅡ데이비드 리디

아이와 계속해서 읽어라. 좋은 소식은 아이에게 읽기의 즐거움을
보여줄 수 있게 계속해서 재미있는 일을 할 수 있고 또 해야 한다는
사실이다. 교사들의 95퍼센트가 아이가 즐거움을 위해 책을 읽을
수 있도록 가장 큰 영향력을 미치는 요인이 바로 부모라고 생각하
고 있으며, 아이가 열정적으로 책을 읽을 수 있게 부모와 학교가 함
께 협조해야 한다고 만장일치로 동의하고 있다.

그러니 계속 읽어라!

책 읽는 습관

책 읽는 습관을 강화하는 것은 아이가 자랄수록 더 중요하다. 미취학 아동기에 부모는 아이의 모든 세계였고 가장 큰 영향력이었다. 이제 학교가 아이를 부모 품에서 데려다가 더 큰 세계에 편입시켰다. 물론 이때에도 부모는 여전히 상당한 중심부에 위치하지만, 새로운 세계에서 외부 영향력이 다각도로 침입해 들어오기 시작한다. 학교, 교사, 새 친구들 그리고 탐험하고 즐길 만한 새로운 일들이 생긴다.

● 전문가의 견해 ●

책 읽는 습관이 생기면 책을 계속해서 좋아하게 되고 더불어 아이의 감정 발달에도 유익하다. 변화의 시기에 아이들은 종종 퇴행 현상을 보이는데, 아이가 나이에 비해 어려 보이는 책을 고르더라도 너무 걱정하지 마라. 누구나 가끔은 마음을 편안하게 해줄 것들이 필요하다.

-아만다 거머 박사

가정에서 책 읽는 습관이 바로 서면 아이는 더 큰 세계로 편입되고 나서도 안정감을 느낄 수 있다. 가정은 아이가 돌아갈 수 있는 곳, 편안하고도 확실한 옛 세계가 여전히 존재한다는 안도감을 주는 곳이다. 학교도 당혹스러운 곳이 될 수 있다. 새로운 사람을 사귀려고 노력하다 보면 힘든 일이 생길 수 있고, 새로운 환경의 새 규칙과 일상을 이해하고 적응하려면 스트레스를 받을 수도 있다. 그럴 때 가정의 일상이 예전과 똑같이 진행되고 있다는 것을 알면 안도감을 느낄 수 있다. 아이가 학습과 새로운 도전에 임해야 한다는 불안감을 느끼지 않아도 되는 곳이 가정이다.

가정에서 책 읽는 습관을 세우고 일상을 확립하면 아이에게 닻과 같은 안정감을 줄 수 있다. 루이스가 어렸을 때 학교에 가기 싫어하던 때가 있었다. 학교에 데려다주는 길에 나는 아이의 관심을 다른 데로 유도하고 안도감을 안겨주려고 좋아하는 책 이야기를 많이 해주었고, 빨리 저녁이 와서 그 책을 같이 읽고 싶다고 기대감을 심어주었다.

책 읽는 습관을 지켜나가면 아이는 책읽기가 가족생활의 중요한 부분임을 깨닫게 된다. '우리 집은 원래 이렇다'는 예측과 인정을 확립하면 그게 바로 가족 정체성의 일부가 된다.

> 5세에 부모가 규칙적으로 책을 읽어준 아이들은 그러지 않은 아이들보다 16세에 세 가지 시험 모두 높은 수행도를 보였다.
>
> - 교육연구소, 2013년 9월

영국 초등학교 교사 250명에게 다음과 같이 물었다.

"즐거움을 위해 책을 읽을 수 있도록 가장 큰 변화를 이끌 요인은 무엇일까요?"

일부 답변을 소개한다.

> 학교나 책이 잘 갖춰진 학교 도서관에서 몰두할 시간을 줘야 한다.

> 읽는 법을 가르치는 것은 교사들의 몫이고 부모가 가르쳐줄 일은 별로 없다고 생각하는 분위기가 형성되어있지만, 사실 핵심적인 역할을 하는 것은 부모이고 교실에서 교사들이 할 수 있는 일은 이 정도뿐이다.

> 학급 전체가 책을 읽거나 짝을 지어 읽는 등 학교에서 책을 읽는 시간이 늘어나야 한다. 현재 학교에서 읽는 책은 상당수가 즐거움을 위해서라기보다 읽어야 하기 때문에 읽는다.

> 부모 스스로 즐거움을 위해 책 읽는 모습을 보여줘야 한다. 또 책을 공유하는 즐거움을 위해 아이에게 책을 소리 내어 읽어주어야 한다. 교사 역시 업무라는 부담감 없이 수업 중에 아이들에게 책을 읽어줄 수 있어야 한다.

> 스토리텔링이 필요하다. 아이들은 이야기 듣는 것을 정말로 좋아한다. 아무리 많이 읽어도 지나치지 않을 정도다!

> 교실에서 다양한 책을 공유할 시간이 늘어나야 한다. 의무나 과제라는 생각 없이 그냥 함께 책을 읽을 수 있어야 한다.

학교는 아이들에게 책읽기 장려의 중요성에 관한 워크숍을 열어야 한다.

부모들은 미래의 성공을 위해 책읽기가 얼마나 중요한 역할을 하는지 알아야 한다. 아이와 함께 자주 책을 읽고 책 내용에 대해 대화를 나눠야 한다.

혼자서 책읽기를 즐기는 것은 아동기 후반에 시작해도 괜찮다.

교사들이 다양한 분야의 책을 읽어주고 좋은 읽기 습관의 본보기가 되어야 한다. 예를 들어 아이들이 도서관에서 책을 읽거나 수업 시간에 조용히 책을 읽을 때 교사도 책을 읽어야 한다. 부모들도 아이들과 함께 자주 책을 읽고 또 책을 읽어주어야 한다.

아이들에게 영감을 심어주기 위해 작가와 정기적인 만남을 추진한다.

부모의 참여가 늘어야 한다.

이야기든 시든 소리 내어 읽는 시간을 늘려야 한다.

아이에 대해서 또 아이가 집중해서 읽는 책의 종류에 대해서 알아가는 시간을 보낸다.

그렇다면 아이가 글자를 해독하고 발음법을 이해하는 것을 어려워하고 학교생활 때문에 많은 상황이 변해갈 때 즐거움을 위한 책 읽기 습관을 어떻게 확립할 수 있을까?

📖 열심히 읽어라

가장 간단하게 할 수 있는 일은 아이와 매일 책을 읽거나 매일 책을 읽어주도록 노력하는 것이다. 당연히 어떤 날은 읽지 못할 수도 있다. 삶은 불완전하기에 시간이 심각하게 부족하거나 스트레스가 유독 강하거나 그 밖에 다른 일이 얼마든지 끼어들 수 있다. 그러나 책 읽는 일상이 설 수 있게 노력하면 함께하는 안식처를 만들 수 있다. 아무리 불가능한 시절에도 읽기는 절대로 포기할 수 없다는 다짐을 품으면 보통은 책 읽을 시간과 여유를 찾을 수 있다.

미취학 아동기부터 따로 정해둔 시간이 있다면 그 시간을 지켜라. 조금씩 수정하면 된다. 하룻밤에 네 권 읽던 것을 세 권으로 줄여야 할 수도 있다. 혹은 시간대를 옮겨야 할 수도 있다. 부모가 직장에 다니지 않는다면 방과 후 곧바로 10분 동안 책을 읽는 게 어떨까? 어디든 함께 앉아 간식을 먹으며 책 한 권을 같이 읽어보자. 학교에 다녀온 다음 가정 일상의 출발점으로 삼을 수도 있다. 아이만큼 부모도 이 시간을 즐길 수 있다. 취침 시간은 책을 읽을 수 있는 가장 분명한 시점이지만, 이 시간도 부담스러워질 수 있다. 그렇다면 아이에게 이제 많이 바빠졌으니 하루 저녁에 한 권씩만 읽고 대신 주말에 더 많이 읽어주겠다고 설명해라. 그리고 책읽기를 주말의 하이라이트로 만들어보자.

아이와 하루에 최소한 10분은 책을 읽겠다고 스스로 약속하자. 그러나 늘 그 이상 읽어주려고 노력해라. 정말로 효과가 있다.

읽는 법을 배우는 것은 즐거움을 위한 책읽기가 아니다

숙제로 읽거나 수업 시간에 읽는 책은 즐거움을 위해 읽는 시간과 분리해라. 아이 마음속에서도 두 가지를 구별할 수 있게 해줘라. "지금은 숙제로 읽을 책을 보고 나중에 함께 이야기책을 읽자." 취침 시간이 즐거움을 위한 책읽기의 유일한 시간이라면 그 시간에 이야기책을 읽고 숙제 책은 아침에 읽게 해라. 아침에 버스 안에서 읽을 수도 있다. 단, 취침 시간에는 숙제 책을 절대로 읽지 마라. 이 시간은 부모와 아이 모두 하루 중 가장 피곤한 시간이기 때문에 쉽게 짜증 내고 불평할 수 있다.

부모 스스로 아이를 다른 아이들과 비교해 읽기 수준이 어느 정도인지 걱정하는 건 아닌지 돌이켜봐라. 다섯 살 아이를 둔 어느 엄마는 아이의 읽기 수준이 어느 정도인지 궁금해 아이가 학교에서 돌아와 간식을 먹을 때 몰래 책가방을 뒤져봤다고 고백했다. 이러한 불안감과 경쟁심은 아이에게 고스란히 전달되고 전혀 도움이 되지 않는다. 때가 되면 아이는 유창하게 책을 읽을 수 있게 될 것이다. 일찍 성취했다가 읽기를 즐기지 않는 사람보다 늦게 배웠더라도 읽기를 사랑하는 사람이 더 낫다.

전형적인 모습의 아이는 존재하지 않는다. 아이마다 읽는 법을 배우는 나이가 다르다. 어느 3학년 교사는 한 교실에서 어떤 아이들은 조용히 앉아 수업 시간에 읽는 책을 읽고 또 어떤 아이들은 《호기심 대장 헨리》 같은 초기 챕터북을 읽으며 또 어떤 아이들은 《해리 포터》나 《아르테미스 파울》 같은 긴 책을 읽는 모습이 정상이라고 말한다.

여섯 살 아이를 둔 어느 부모는 딸이 학교에 들어가면서 책을 읽어주지 않게 되었다가 내 조언을 듣고 다시 취침 시간에 책을 읽어주기 시작했다고 한다.

> 다시 책읽기를 사랑하게 되었어요. 아이와 함께 책 읽는 시간이 얼마나 소중한지 깨닫게 되었어요. 매일 읽어야 한다는 것도요. 지금은 매일 10~45분 정도 함께 책을 읽으려고 노력하고 있답니다. 지난 저녁은 조금 힘들었지만 그래도 책을 읽었어요. 아이는 지금 챕터북을 읽고 있는데, 아이가 한 챕터를 저에게 읽어주면 제가 이야기책 한 권을 읽어줍니다.
>
> –에밀리(스텔라(6세)의 엄마)

늘 책읽기를 격려해라

언젠가는 아이 스스로 책을 읽는 날이 올 것이다. 그러나 아이가 혼자 책을 읽을 수 있게 되었다고 해서 자발적으로 책을 읽게 될 거라고 생각하지는 마라. 이 시기 많은 아이가 읽기를 좋아하게 되고 혼자서도 유창하게 책을 읽게 되었다는 사실을 즐거워한다. 정말이지 놀라운 경험이다. 그런데 어떤 아이는 혼자서 읽을 수 있게 되어도 혼자 읽지 않으려고 한다. 어느 쪽이든 아이 혼자 읽게 내버려두지 마라. 무엇을 하든 부모도 계속 역할을 맡아라. 아이에게 책을 읽어줘도 좋고 아이와 함께 읽어도 좋다. 많은 부모가 아이가 혼자서 책을 읽을 수 있게 되면 자기는 신경을 쓰지 않아도 된다고 생각한다. 그러나 책읽기는 자전거 타기와 같지 않다. 너무 빨리 손을 거두지 마라.

계속 참여해라. 오늘날 아이 주변에는 책보다 즉각적인 오락거리와 주의를 빼앗는 것들이 가득하다. 아이가 읽는 법을 터득했다고 해서 계속 즐거움을 위해 책을 읽으리라는 보장은 없다. 지금 당장은 열심히 읽더라도 곧 또래의 영향을 더 많이 받게 될 것이다. 또 스마트폰이며 앱, 게임기 등 디지털 세상이 아이의 관심을 끌어당길 것이다. 할 일이 없으면 책이 아닌 다른 것, 즉 아이패드나 전화기를 집어 들거나 TV를 켤 것이다. 그런 것들을 한다고 잘못은 아니지만 균형을 유지해야 한다.

아이의 화면 사용 시간을 관리 감독하되 모든 첨단 기기를 금지해 책읽기를 적으로 만들지는 마라.

읽기는 그저 습관이라는 사실을 잊지 마라. 마치 양치질처럼 까무러치게 즐거운 일은 아니지 않은가!

실천을 많이 할수록 평생 이어질 가능성이 더 커진다.

어딜 가든 책을 가져가라

함께 나들이를 갈 때는 아이가 책을 한 권 골라 좋아하는 간식과 함께 배낭에 넣게 해라. 책과 읽기가 삶의 신나는 일부라는 생각을 심어줄 것이다.

학령기 태블릿 사용 정도는 1년 사이 두 배가 되었다. 지금 아이들의 34퍼센트가 태블릿 PC를 사용하는데, 지난해 17퍼센트에서 상승한 수치다. 또한 이 연령대에는 스마트폰으로 게임을 하는 정도가 최고에 달한다. 현재 5~7세 아동 90퍼센트가 스마트폰을 접하고 게임을 하고 있다.

–〈디지털 시대 영국 아동의 책 소비〉, 2013년 보우커

남아와 여아

남자아이와 여자아이는 다르다. 호르몬의 영향을 부인할 수 없다. 차이는 타고난다. 예를 들어 테스토스테론 때문에 남자아이는 근육을 키우려고 움직이고 여자아이는 가만히 앉아있는 편이 더 쉽다고 생각한다. 여자아이는 솜씨가 좋아서 연필을 능숙하게 쥐고 글씨도 더 쉽게 쓴다. 여자아이의 손목뼈는 4.5세에 완전히 발

달하지만, 남자아이는 꼬박 1년이 더 걸린다. 엄지손가락 근육도 남자아이가 여자아이보다 늦게 발달하기 때문에 글씨를 쓰려고 엄지와 검지로 연필을 쥐는 동작을 더 어려워한다. 남자아이의 운동 기술은 1년 정도 늦어져 연필이나 가위를 쥐는 동작을 몹시 어려워할 수도 있다. 일반적으로 남자아이가 여자아이보다 늦게 성숙해진다. 6, 7세가 되면 여자아이는 사회적으로나 감정적으로나 인지적으로 심지어 신체적으로도 남자아이보다 6~12개월 더 빨리 성숙해진다.

반면 남자아이는 목표 의식과 공간 기억력을 관장하는 두뇌 부위가 여자아이보다 약 4년 먼저 성숙한다. 두 살 남자아이가 두 살 여자아이보다 나무블록으로 다리를 약 세 배 더 잘 만들 수 있다는 뜻이다. 그러나 이런 능력은 가만히 앉아 집중하는 것을 중시하는 교실에서는 눈에 덜 띈다.

그래서 학교 안에서 요구하는 일부 기술을 남자아이는 성취하기 어려워할 수 있다. 남자아이는 초기 몇 년 동안 학교에서 가르치고 평가하고 시험하는 것을 성공적으로 해내기엔 아직 신체가 발달하지 않아 미묘한 열등감을 느낄 수밖에 없다. 아이들은 자신이 성취하지 못하는 것을 쉽게 느낄 수 있다. 루이스가 다섯 살이었던 무렵 어느 주말이 생각난다. 색칠을 하다가 자꾸 선 밖으로 색이 칠해진다며 몹시 짜증을 냈다. 급기야 색연필을 집어 던지더니 소리쳤다. "나는 색칠을 못 해! 여자애들은 다 할 줄 아는데."

남자아이와 여자아이의 선천적인 차이로는 충분하지 않다는 듯이 우리 사회는 차이를 더 만들고 조장한다. 호르몬은 선천적이지만 사회적 기대치는 학습된다. 누구에게나 익숙한 편견이 있다. 예를 들어 남자아이는 크고 강한 것, 시끄럽고 활동적인 것과 연관 짓고 파란색과 관련이 있으며 책을 읽을 만큼 가만히 앉아있을 수 없다는 편견이 있다. 여자아이는 반짝거리고 솜털처럼 부드러운 것과 관계가 있고 공주와 요정을 좋아하며 분홍색과 관련이 있고 차분해서 읽기에 집중할 수 있다는 편견이 있다.

● 전문가의 견해 ●

여자아이들은 가만히 앉아 책을 읽는다고 칭찬을 받고 흔히 더 활동적이라고 기대되는 남자아이들보다 '책을 더 잘 읽는다'는 긍정적인 탄력을 받는다. 남자아이들은 어려운 텍스트를 꾸준히 읽어 나갈 동기가 주어지지 않게 되고 문제는 악화한다. 결국 남자아이들은 스스로 책을 잘 못 읽는다고 단정 짓는다. 남자아이들 사이에 난독증 발생 정도가 더 많은 사실 역시 문제를 한층 더 심각하게 만든다.

-아만다 거머 박사

물론 남자아이와 여자아이는 다르지만, 그냥 같지 않다는 뜻이지 누가 더 잘하고 못한다는 뜻은 아니다. 어떤 차이가 있든지 남자아이에게 읽기가 가져다주는 즐거움과 평생 가는 이로움을 부인할 이유가 되어서는 안 된다. 그럼에도 이런 일이 종종 일어난다. 어떤 부모는 아들이 듣는 곳에서 남자아이라 책읽기에 관심이 없다는 말을 아무렇지도 않게 한다. 다섯 살 아들이 듣는 데서 "우리 애는 읽는 걸 싫어해요. 남자아이에게 뭘 바라겠어요?"라고 말하는 부모도 봤다. 아들은 책을 읽지 않아도 된다고 허가해주는 것과 같다. 말이 씨가 되는 상황이다.

남자아이가 어린 나이부터 매체에 대한 선호도를 다르게 보이는 것 역시 흥미롭다. 2013년 오프콤 조사 결과 5~7세 아이들이 가장 선호하는 매체는 TV로 드러났다(57퍼센트). 그러나 성별의 차이가 가장 분명하게 드러나는 분야는 컴퓨터 게임이었다. 남아의 28퍼센트, 여아의 12퍼센트가 컴퓨터 게임을 가장 좋아한다고 대답했다. 컴퓨터 게임에 접근성이 좋아서인지, 자연스럽게 끌려서인지, 아니면 남자아이에게 이미 사회적인 기준이 투영되어서인지, 남아가 여아보다 더 어린 나이에 게임에 열중하는 경향을 보였고 더 집중적으로 게임을 하는 게 드러났다. 이는 또 다른 양성 간 차이를 반영하는 것일 수도 있다. 남아의 눈 구조는 동작과 방향성에 적응이 잘 되어서 공간 시각화 능력과 공간 기억력이 더 좋은데, 이러한 핵심적인 신체상의 차이가 초등학교에 들어갔을 때 꼭 이점으로 작용하는 것은 아니다.

나는 왜 이런 이야기를 하는 걸까? 왜 자꾸 남자아이에 대해 이야기하고 있을까? 남자아이가 아주 일찍부터 학교생활과 책읽기 분야에서 마땅한 권리를 박탈당할 위험이 있기 때문이다. 당신의 아들도 책읽기를 즐거움과 연관 지을 권리가 있다. 책읽기를 즐기고 읽어주는 책을 즐겁게 들을 수 있어야 한다. 그래야 자존감과 자신감이 높아진다.

새로운 일상들

아이가 학교생활에 익숙해지고 마음이 차분해지면 이제 책 한 권을 안정적으로 읽을 수 있는 규칙적인 시간대를 찾아봐라. 부모가 둘 다 직장에 다니거나 한 부모 가정이라 책을 읽어줄 수 있는 유일한 시간이 취침 시간이라고 해도 절망할 것 없다. 그 시간을 규칙적인 일과로 만들어라. 대신 주말마다 책 한두 권을 함께 읽는 시간을 정기적으로 마련하고, 이 시간을 아이가 기다릴 수 있는 특별한 시간으로 만들어라. 내가 아는 어느 가족은 주말마다 30분을 따로 내 여섯 살 아이를 비롯해 가족 모두가 각자 책을 가져와 읽는 시간으로 정했다. 아빠와 엄마, 여섯 살 아이가 함께 책을 읽고 두 살 동생도 굴착기 그림책을 가지고 와 함께한다.

당신이 아들을 둔 아빠라면 특히 시간을 내 책을 읽는 게 정말로 중요하다. 아이에게는 역할 모델이 필요하고 아들에게는 남성 역할 모델이 필요하다. 아들의 학교생활은 여성이 지배적이기 쉽다. 초등 교사와 보육 교사 대부분이 여성이다. 그러므로 아빠가 아들과 함께 책 읽는 시간을 마련하는 게 매우 중요하다.

아버지가 나와 누나에게 책을 읽어주던 장면은 최초의 기억 중 하나이다. 매일 저녁 잠들기 전 아버지가 책을 읽어주지 않았더라면 우리는 지금의 모습으로 자라지 못했을 것이다. 우리 가족은 깜짝 놀랄 속도로 책을 읽는다. 어린 시절 아버지가 읽어주는 소리를 듣기만 하다가 아버지 어깨너머로 흘낏 책을 읽었고, 또 아버지가 책을 읽어주러 오기 전 나 혼자 그 책을 몰래 훔쳐보았다가 어느새 나 혼자 책을 읽게 되었다. 아버지는 늦게까지 직장에서 일했고, 우리는 책을 읽어주는 그 시간이 아버지 얼굴을 볼 수 있는 유일한 때이자 우리만을 위한 특별한 시간임을 알고 있었다.

지금도 《저스트 윌리엄》 시리즈를 읽어주던 아버지의 목소리가 떠오른다.

-존 히저

늦어도 따라잡을 수 있다

아직 책읽기 습관이 서지 못했더라도 걱정하지 마라. 함께 책읽기를 시작하는데 너무 늦은 때란 없다. 책읽기 일상을 세우려면 약간의 선행 시간을 도입하는 게 좋다. 새 학기가 시작될 때나 학기 중간, 생일이나 휴가처럼 특별한 시간에 특정일을 잡아 함께 읽고 싶은 책을 고르고 기대감을 심어줄 수 있다.

아이가 학교에 들어가 읽기 습관을 세우고 계속 지켜나가는 것은 미래의 책읽기 습관을 세우기 위한 필수 과제이다. 읽기는 배우기 위한 게 아님을 명심해라. 읽기는 즐거움을 위한 습관이다.

> 즐거움을 위한 책읽기가 가족의 사회경제적 지위보다 학업 성공에 미치는 영향력이 더 크다.
>
> –2002년 OECD 보고서

책 읽는 법

학교에서는 교사가 읽기 기술을 가르쳐준다. 가정에서는 부모가 읽기를 사랑하게 도와준다. 그러려면 부모가 먼저 책 읽는 일상을 반드시 지켜야 하고 책 읽을 적당한 환경을 만들어야 하며 가능하면 재미있게 해줘야 한다. 부모라면 아이가 함께 책 읽는 시간을 진심으로 기대하고 기다리기를 바랄 것이다.

적당한 환경

적당한 환경과 조용한 시간을 마련하는 게 가장 어려운 일 중 하나이다. 아이들의 삶은 분주하고 소란스럽다. 학교에 갈 준비를 해야 하고 피곤하거나 언짢은 기분으로 집에 돌아오기 일쑤이고 친구들을 집에 데려와 놀기도 하고 놀이 약속에 가기도 하며 방과 후 활동에 참가해야 한다. 집에는 손만 뻗으면 닿는 곳에 전화기며 태블릿이며 게임기가 있다. 아이들만의 문제가 아니다. 직장에 다니는 부모라면 공식적인 업무 시간이 끝났는데도 늦도록 문자메시지나 메신저 알람이 들어온다. 다각도에서 주의를 빼앗는 온갖 것들이 가차 없이 밀려 들어오는 바람에 아이와 함께 조용히 앉아 있을 시간을 찾기가 점점 어려워진다.

아이가 책을 읽고 싶어 한다면 이야기에 집중하고 빨려 들어갈 수 있을 정도로 조용한 시간이 필요하다. 딱히 할 일이 없어 심심한 아이가 책이나 잡지가 아니라 디지털 기기를 집어 드는 장면은 이제 흔한 풍경이 되었다. 아이가 책 읽기를 원한다면 책읽기가 뿌리를 내릴 수 있는 조용한 시간부터 확보해야 한다.

그렇다면 어떻게 해야 할까? 가장 쉬운 방법은 화면 사용 시간을 제한하는 것이다. 30분간 모든 기기를 끄고 책과 함께 편안하게 쉬어라. 어떤 엄마는 이렇게 말했다. "아이가 저녁을 먹고 있는데 제가 컴퓨터 앞에 앉아있어야 할 때면 죄책감을 느껴요. 그래서 모든 기기를 끄고 소파나 침대에 바짝 붙어 앉아 책을 읽어줍니다. 아이가 무척 좋아해요. 아이는 엄마와 함께 있는 것을 좋아하는 것 같아요. 제가 관심을 집중하는 게 좋은가 봐요. 아이가 나중에 자기 아이에게도 이렇게 해주면 좋겠어요."

좋은 전략이다. 가능하면 편안하고 안정감 있는 분위기를 만들어주자. 이는 아이만을 위한 게 아니다. 부모를 위해서도 필요한 일이다. 주의를 빼앗을 수 있는 모든 화면을 꺼라. 업무상 이메일이나 친구의 문자메시지가 들어오더라도 아이와 함께 아무런 방해도 받지 않고 책을 읽는 시간이 끝날 때까지 잠시 무시해라.

아이가 크면 화면 사용 시간을 관리하기가 더 어려워질 수 있으므로 화면에 대한 가족 규칙을 일찍부터 만들어둬라. 사실 아이들은 경계를 좋아한다. 겉으로는 부모가 정한 경계에 대해 불만을 토로하지만, 마음 깊은 곳에서는 규칙이 있다는 사실을 알고 그 규칙이 제대로 강제될 때 안도한다. 예를 들면 닌텐도 위나 플레이스테이션, 아이패드는 주말에만 허락하는 규칙을 정할 수 있다. 어떤 엄마는 아들이 책도 열심히 읽고 게임도 열심히 한다고 말한다. 이 가정에는 단순한 규칙이 딱 두 가지 있을 뿐이다. 첫째, 침실에는 전화기를 포함해 어떠한 화면도 두지 않는다. 둘째, 매일 취침 시간에 규칙적으로 책을 읽는다. 이것만으로 아이는 계속해서 책읽기를 즐겨왔다고 한다. 이런 규칙이 우리 집에는 별로 효과가 없다고 생각한다면 다른 규칙을 찾되, 정한 규칙은 반드시 지켜라.

이야기가 지닌 마법을 강화하라

함께 책읽기를 즐길 때면(예를 들면 취침 시간) 재미와 즐거움을 강화할 수 있는 기회를 찾아보자. 언제나 목표는 평생 책읽기를 사랑하는 사람으로 키우는 것이다.

등장인물을 하나 골라 아이 이름을 대신 넣어 읽어주면 무척 재미있어할 것이다. 아이들은 '이야기 속으로' 들어가는 것을 무척 좋아한다. 나도 자넷과 앨런 앨버그의 《경찰과 도둑》을 읽어줄 때 이 방법을 썼다. 퓨 경관 대신 루이스 경관이라고 읽어주었는데, 가끔 더듬거리며 퓨라고 했다가 루이스라고 했다가 나중에는 퓨루이스라고 읽기도 했다. 그래도 아이는 전혀 신경 쓰지 않았다. 아이들은 매우 너그럽다. 완벽하지 않아도 된다. 루이스는 이야기 속으로 들어가는 것을 무척 좋아했고 스스로 뭔가를 할 수 있는 것 같아 기뻐했다. 다시 말하지만, 아이들은 현실 세계에서 할 수 있는 일이 매우 제한적이므로 할 수 있다고 상상하는 것(여기서는 도둑을 잡는 것)을 무척 좋아한다.

할 수 있다면 이야기를 현실로 끄집어내라. 《아서의 외침》 같은 책을 읽고 있다면 주인공 아서처럼 카메라와 공책을 들고 야생동물을 찾아나니는 흉내를 낼 수 있을 것이다. 가끔은 피곤한 척하면서 아이에게 책을 읽어달라고 부탁해보자. 역할을 바꾼 다음 "네가 읽어주니까 정말 재미있다."라고 말해주자. 아이들은 부모 역할을 해보는 것을 무척 좋아한다.

아이 책에 장서표(소유를 명시하고자 책에 붙이는 표)를 만들어주고 그 위에 아이 이름을 쓰게 할 수도 있다. 그러면 책에 대한 소유 의식이 생긴다. 아이의 마음속에서 책은 훨씬 더 귀중한 것이 될 것이다.

📖 집중력 범위 키우기

아이가 학교에 들어갈 무렵이면 집중력 범위가 늘어나기 시작한다. 집중력에는 두 가지 종류가 있다. 초점 집중력은 자극에 대한 단기적인 반응으로 범위가 매우 짧다. 대략 8초 정도 지속된다. 화면 소비가 늘어날수록 이런 식의 단기적인 집중력이 발달한다. 아이들이 키워야 하는 집중력은 두 번째 종류, 즉 지속적인 집중력이다. 보통 20분간 지속된다.(물론 이 집중력은 한 번도 초점이 깨지지 않고 계속되는 것은 아니고 도중에 반복적으로 초점을 다시 맞출 수 있다.) 지속적인 집중력은 학교에서 수업을 듣거나 영화를 보거나 책을 읽을 때 필요한 집중력이다. 지속적인 집중력을 키워주려면 책을 읽어주다가 도중에 잠깐 멈추고 다음에 무슨 일이 벌어질 것 같은지 혹은 주인공이 방금 뭘 했는지 등을 물어봐라. 아이는 집중력을 계속 유지하면서 동시에 이야기에 더욱 몰두할 수 있을 것이다.

아이가 혼자서 읽을 때마다 칭찬해줘라

아이가 혼자서 읽을 수 있는 능력이 점점 발달하면 단어를 알아보고 읽을 수 있다는 것을 부모에게 보여주고 싶어 할 것이다. 그러므로 그림책을 읽는 동안 "이 낱말/문장을 읽을 수 있겠어?"라고 물어봐라. 아이가 어떤 노력을 기울여도 "잘했어."라고 칭찬해줘라. 긍정적인 말을 많이 사용해라. "너 혼자 이 말을 읽었다고 나중에 엄마한테 이야기해주자." "이따 엄마가 오면 다시 읽어보자." "할머니 할아버지한테 전화해서 알려주자. 할머니 할아버지가 얼마나 좋아하실까?"

목소리를 다양하게 꾸며보자

일하는 부모라서 퇴근 후에야 집에 돌아온다면 취침 시간에 아이와 함께 책을 읽으며 학교에서 있었던 일을 물어보는 기회로 삼아라. 힘들었던 마음을 풀어주기에 이보다 더 좋은 방법이 어디 있겠는가? 여의치 않다면 주말마다 책을 읽어주기로 약속해라. 부모 중한 사람이 평일 취침 시간에 책을 읽어주고 다른 사람이 주말에 책을 읽어줄 수 있다. 주요 양육자가 아니더라도 특별한 역할을 맡을수 있다. 또는 할머니나 할아버지, 이모나 삼촌에게 책을 읽어달라고 부탁해보자. 대가족이 읽기를 얼마나 중요하게 생각하는지를 보여주고 책읽기는 즐겁고 재미있는 일이라는 생각을 강화해줄 좋은방법이다.

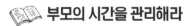

부모의 시간을 관리해라

시간이 빠듯해 아이와 책 읽을 시간을 내려고 없는 시간을 쥐어 짜고 있다면, 아이들 각자 읽고 싶은 책을 한 권씩 고르게 하고 부모가 읽어주는 동안 각자 고른 책에 귀를 기울이는 식으로 시간을 관리할 수 있다. 가능하면 큰아이가 동생에게 책을 읽어주게 격려할 수도 있다. 또 큰아이가 고른 책을 읽어줄 때 동생도 듣게 할 수 있을 것이다.

이야기를 강화해라

요즘은 책과 관련한 좋은 앱이 많이 나와 있다. 현명하게 사용한다면 삶 속에 이야기를 불러오는 데 많은 도움이 될 수 있다. 그러나 한 가지 황금 규칙이 있다. 앱만을 사용하지는 마라. 아이가 화면 사용 시간에 책 앱을 실행하며 논다면 나중에 그 책을 함께 읽어라. 읽기와 이야기는 대단하고 놀라운 일이라는 생각을 계속 강화해야 한다.

새로운 장르와 형식을 탐색해라

아이가 혼자서도 책을 읽을 수 있게 되면 새로운 책을 공급해주고 다양한 책을 갖춰주며 아이가 읽고 있는 내용에 대해 계속해서 대화를 나눠라. 또 계속 책을 읽어주어라. 아이가 자신감 있게 읽을 수 있게 되면 '나란히 읽기'도 시도해보자. 나란히 읽기는 같은 책을 일부분씩 나눠서 번갈아가며 읽는 것이다. 몇 페이지는 부모가 아이에게 읽어주고 이어지는 한두 페이지는 아이에게 읽어달라고 해보자. 이렇게 하면 아이 혼자서는 시도할 것 같지 않은 책을 읽게 할 수 있다. 여섯 살 딸이 있는 한 가족은 이 방법을 살짝 변형해서 시도해보았다. 아이가 짧은 이야기로 구성된 책을 읽고 있었는데, 엄마나 아빠가 한 이야기를 읽으면 딸이 다음 이야기를 읽는 식으로 한 권을 나란히 읽었다.

또 어떤 엄마는 딸이 혼자서 책을 읽는 것에 조금도 관심을 보이지 않았다고 한다. 집에서 읽을 책을 골라보라고 해도 꿈쩍도 하지 않았다. 그러다가 이웃집 아이가 에니드 블라이튼의 《아멜리아 제인》 시리즈를 빌려주었다. 다음 날 저녁 딸이 조용하기에 엄마가 방에 가보았더니 아이 혼자 침대에 앉아 그 책을 53페이지나 읽고 있더란다.

지금까지 언급한 도움말과 전략 모두 아이가 학교생활을 시작하고 처음 몇 년 동안 읽기에 관심을 두고 책을 좋아하게 도와줄 것이다. 또 가족이 함께한 추억과 이야기를 만들어주기도 한다.

무엇을 읽을 것인가?

학교생활을 시작하고 처음 몇 년 동안은 혼자 읽을 수 있게 될 때까지 학교 수업을 통해 조금씩 읽는 방법을 배워나갈 것이다. 가정과 학교에서 그림책을 졸업하고 챕터북으로 넘어갈 것이다. 아이에게는 대단한 일이다! 챕터북을 읽으면 다 큰 것 같은 기분을 느끼기도 하지만, 그림이 없거나 적기 때문에 그만큼 실망할 수도 있다. 이를 보완할 삽화가 있는 챕터북을 찾아보자. 이 시기 우리 집에서 가장 인기가 있었던 책은 홀링 클랜시 홀링의 《노를 저어 바다로》였다.

이 연령대 아이들의 모든 면이 그렇듯이 좋아하는 것과 싫어하는 것을 탐색할 때 재미가 절반을 결정한다. 모든 읽기는 좋은 읽기이다. 아이가 챕터북을 어려워하면 《아스테릭스》나 《틴틴》 같은 만화책이나 잡지를 찾아봐라. 이야기책뿐만 아니라 논픽션, 사실 관계를 다룬 정보 책, 잡지, 만화 등 적당하고 흥미로운 내용을 발견할 수 있는 읽을거리는 엄청나게 많다. 한 초등학교 교사가 이렇게 말했다. "어떤 아이든 저마다 적당한 책이 있다. 다양한 장르를 소개하고 그것을 좋아할 수 있게끔 읽을 시간을 주면 된다."

이 과정에서 반드시 아이가 좋아하는 것과 싫어하는 것을 선택할 수 있어야 한다. 아이가 어떤 책을 지루하다고 생각하면 그 책을 끝까지 읽어야 한다고 압력을 넣으면 안 된다. 다른 게 읽고 싶다고 말할 여유를 줘야 한다. 아이는 스스로 통제할 수 있다고 생각할 때 즐거움을 위해 책을 읽게 된다.

전문가의 견해

책읽기를 사랑하려면 '편안하게 읽기'도 소중한 요소이다. 누구나 기분이 다를 수 있는데, 기분이 최고일 때는 새로운 것을 시도하는 게 신나고 흥미롭다. 그러나 피곤하거나 아프거나 스트레스를 받을 때는 안도감과 안정감을 찾기 위해 편안한 안전지대로 들어간다. 아이가 '어린' 책을 읽더라도 막지 마라. 시간이 지나면 이런 책이 덜 매력적으로 느껴질 날이 올 것이고, 그때가 되면 아이는 새로운 도전을 맞이할 준비를 할 것이다.

  ─아만다 거머 박사

지금껏 만나본 많은 부모가 아이들이 가끔 그림책 같은, 연령대보다 어린 책으로 돌아가고 싶어 한다고 걱정한다. 이들은 아이들이 많은 단계를 역행하고 있다고 생각해 미취학 아동기에 읽었던 책들을 멀리하게 한다. 그러지 마라! 읽기를 배우는 과정은 아이마다 다르고 피곤한 과정이다. 학교에 가는 것도 스트레스를 안겨줄 수 있다. 필요하다면 아이가 나이보다 어리게 구는 것도 허락해줘라. 미취학 아동기에 좋아했던 것들을 다시 읽으면서 그 시기의 친밀감과 안정감을 떠올릴 수 있고 계속 앞으로 나갈 자신감과 힘도 생길 수 있다.

아이가 챕터북으로 바꾸는 것을 어려워하면, 활자가 크고 행 사이가 넓은 책을 고르는 것도 좋은 방법이다. 글자가 빽빽하게 인쇄된 책이나 전 시리즈가 한 권에 묶인 책은 이제 막 혼자서 읽기 시작한 아이에게는 전혀 끌리지 않을 수 있다.

아이들은 모두 다르므로 큼직하게 한 권으로 묶은 책을 좋아하는 아이도 있을 수 있다. 내가 아는 여섯 살 여자아이는 마음에 드는 책을 찾지 못하다가 도로시 에드워즈의 《못 말리는 내 동생》을 받았는데, 752페이지나 되는 책을 샅샅이 읽으며 무척이나 좋아했다.

오디오북을 활용하는 것도 긴 자동차 여행을 할 때나 집에서 다 같이 이야기를 들을 때 좋은 방법이다. 주말이면 다 함께 앉아 오디오북을 들어보자. 다른 사람이 읽어주는 책을 즐겨봐라!

아이들이 자신과 연관 지을 수 있는 책도 좋다. 이 시기에도 첫 경험을 다룬 책들은 여전히 소중하다. 아이에게 새로 동생이 생겼다면 배빗 콜의 《엄마가 알을 낳았대》를 시도해보자. 끔찍한 머릿니가 생겼다면 진과 개러스 애덤슨의 《톱시와 팀에게 머릿니가 생겼어요》를 읽어보자.

루이스와 나도 다양한 종류의 책을 탐험해왔고 주세에 대한 관심사도 시간과 함께 변해왔다. 한동안 루이스는 자연과학 책에 푹 빠져 지냈다. 자연과학 책의 좋은 점은 밖에 나갔을 때 책에서 본 내용과 연결 지어 할 이야기가 많아진다는 점이다. 그러면 집으로 돌아와 다시 책을 펼쳐 들게 된다. 루이스와 나는 수많은 자연과학 책을 섭렵했다. 그중에는 《리드 앤 원더》 전집도 있다. 아이가 챕터북으로 옮겨가면서부터는 시리즈물을 좋아하게 되었다. 한 권을 읽고 나면 흥미가 생겨서 더 읽을 게 있는지 궁금해했다.

◗ 전문가의 견해 ◖

책이 어려워도 시리즈물은 익숙한 구조로 되어있기 때문에 아이가 곧바로 이야기와 어휘에 관심을 보일 수 있고, 새로운 등장인물이나 문체에 적응하지 않아도 된다. 시리즈의 첫 번째 책을 함께 읽고 나머지는 아이 스스로 읽어보게 하는 것도 새 책과 장르를 도입하는 좋은 방법이다.

-아만다 거머 박사

루이스가 챕터북을 읽기 시작했을 때, 그림책을 보는 동안 익숙했던 세밀한 삽화를 그리워하는 눈치였다. 아이가 처음 좋아한 챕터북은 엘리자베스 싱어 헌트의 《비밀 요원 잭 스탈워트;가라앉은 보물을 찾아서》였다. 책 속에는 선으로 그린 삽화가 있었지만 많지는 않았다. 아이가 삽화에 색칠을 해도 되느냐고 물었다. 아이는 색칠을 통해 세부적인 모양을 완성했다. 많은 부모가 책에 색칠하는 것을 좋아하지 않지만, 아이가 컬러 그림책이 주었던 재미를 그리워한다는 것을 알았기에 허락했다.

아이는 진심으로 즐겁게 이 이야기에 귀를 기울였고 자기가 직접 색칠한 그림을 흥미롭게 바라보았다. 이렇게 자신만의 책을 만들어 갔다. 그림책에서 챕터북으로의 전환을 수월하게 해준다면 대체로 눈살을 찌푸리게 하는 일도 시도해볼 만한 가치가 있다.

> ● **전문가의 견해** ●
>
> 아이들은 시리즈를 좋아한다. 한번 빠져들면 시리즈 전권을 다 읽고 싶어 하고 모으고 싶어 한다. 그러면 좋아하는 순서대로 책을 분류해본다거나 다시 읽어본다거나 친구에게 추천하는 등 책읽기와 관련한 활동을 더 많이 하게 된다. 이 모든 과정이 원만하고도 몰두할 줄 아는 독자로 성장하기 위한 매우 중요한 단계이다.
>
> –데이비드 리디

이 나이대 아이는 자신의 의견을 더 주장하려고 노력 중일 것이므로 부모가 선택하는 만큼 아이도 읽고 싶은 책을 고르게 해줘라. 당신이 어렸을 때 재미있게 읽은 기억이 나 선택한 책이 아이에게 거부당하더라도 기분 나쁘게 생각하지 마라. 개인적인 감정의 문제가 절대로 아니다!

아이는 자신의 대중문화를 사랑하고 특정 캐릭터에 푹 빠지기도 할 것이다. 미취학 아동기와 마찬가지로 기본적인 수준에서 캐릭터와 결합하고 또 집착하기도 한다. 부모는 아이가 사랑하는 캐릭터가 등장하는 책이나 잡지를 찾아줘야 한다. 그래야 아이의 참여도와 즐거움을 향상시킬 수 있다.

책 읽는 집

부모는 계속 새 책과 잡지를 마련해 아이의 흥미를 자극해야 한다. 아이를 격려하고 함께 새로운 것들을 발견하는 즐거움을 누려야 한다. 세상에는 수많은 책이 있고 또 다양한 장소에서 찾아볼 수 있다. 도서관, 중고 서점, 서점, 온라인 서점, 카탈로그, 바자회, 지역 축제나 학교 축제에서 책을 구할 수 있다. 다양한 곳을 다니며 아이와 함께 책 사냥에 나서보자. 친구 부모들에게 한 달에 하루를 정해 방과 후 책을 바꿔 보자고 제안해보자. 혹은 학교 측에 책 바꿔 보기 행사를 조직해보자고 제안해보자.

지역 축제나 작가와의 만남 행사도 찾아보자. 요즘 출판사와 작가들 사이에 독자와의 직접적인 만남이 이야기의 저변을 확대하는

데 필수라는 생각이 점점 퍼지는 추세이다. 도서관과 학교와 서점에서 작가와의 만남 행사를 기획하고 있다. 아이의 학교가 그런 행사를 추진하지 않는다면 직접 제안해보자.

이 나이대에는 어쩔 수 없이 첨단 기술이 아이의 삶에서 점점 더 큰 역할을 차지하게 된다. 유혹적으로 빛나는 아이패드, 스마트폰, 노트북은 모든 아이의 주의를 빼앗는다. 이런 기기를 사용하는 게 잘못은 아니다. 완전히 사용을 금지하는 것도 부당하다. 이런 기기는 도움이 되도록 사용해라. 인터넷에는 좋은 이야기를 담고 책 읽는 습관을 지지해줄 사이트와 앱이 많다. 선생님에게 좋은 사이트를 추천해달라고 부탁하고 가정에서 다양한 종류의 이야기를 찾는 방법으로 활용해보자.

놀이 시간에 책을 포함하는 것도 책읽기를 강화하는 방법이다. 아이 친구가 놀러 오면 시간을 내 책을 읽어줘라. "우리 집은 책을 읽는 집이다. 이게 우리 가족의 방식이다."라는 생각을 심어줄 수 있다.

책 읽는 집은 진화한다. 아이가 자라면서 '책 읽는 집'의 손길은 아이 삶의 더 많은 영역으로 확대될 것이다. 책 관련 행사에 참가하거나 친구와 책을 바꿔 읽거나 도서관에 가는 등 이야기를 만날 수 있는 공간이 점점 확대되어 가겠지만, 이 모든 결합의 핵심은 부모와 집이다.

학교생활이 시작되고 읽는 기술을 배워나가는 과정은 어느 아이

에게나 어렵다. 아이가 마침내 변화를 이루어내고 그 과정에서 이
야기와 읽기에 대한 사랑을 더욱 견고하게 지켜나갈 수 있도록 다
양한 전략과 방법을 통해 도와주자.

할 것과 하지 말 것

할 것

👍 숙제로 읽는 시간과 함께 이야기를 읽는 시간을 계속 분리해라.

👍 학교 숙제로 읽는 책은 버스 안이나 아침식사 시간, 방과 후에 읽고 취침 시간 책읽기와 분리해라.

👍 아이가 책읽기에 몰두하고 의지할 수 있는 일상을 세워라.

👍 새로운 학교생활에 맞는 읽기 일상을 만들어라.

👍 다른 가족과 배우자, 형제, 이모, 삼촌, 할아버지, 할머니 등을 참여시켜라.

👍 아이가 그리워한다고 생각되면 삽화가 있는 책을 찾아봐라.

👍 아이와 학교 친구들이 좋아하는 캐릭터를 알아봐라. 캐릭터가 등장하는 책을 독서 목록에 집어넣는 게 좋다. 캐릭터는 곧바로 알아볼 수 있고, 한 권을 읽으면 다음 책이 읽고 싶어지는 시리즈도 있다.

👍 가끔 책 관련 행사나 축제에 아이를 데려가라.

👍 아이 친구들이 함께하는 파티에서 선물로 책을 주고받아라. 북클럽에서 세트로 구입해 필요할 때마다 나눠줘라. 여러 가지 선물을 저렴하게 살 수 있는 기회다. 급우들의 생일 선물을 미리 사둬라. 책이 바람직한 선물이라는 메시지를 전해줘라.

👍 화면과 기술에 대한 규칙을 일찍부터 세워라. 그리고 세운 규

칙을 반드시 지켜라.

👍 아이가 미취학 아동기에 좋아했던 책을 다시 읽을 수 있게 허락해라. 발달은 결코 매끄럽게 진행되는 것만은 아니다.

👍 다양한 새 책을 만날 수 있는 곳을 샅샅이 찾아다녀라. 아이가 어떤 분야에 관심을 보이는지 잘 듣고 그에 관한 책이나 잡지를 찾아라. 누구에게나 적당한 책이 있다.

👍 아이가 읽기를 좋아할 수 있게끔 학교와 협조해라. 학교 측에 작가와의 만남 행사를 추진할 수 있느냐고 물어봐라.

👍 '세계 책의 날' 행사를 즐겨보자. 아이가 좋아하는 캐릭터로 분장할 수 있게 도와줘라.

👍 앱과 화면을 현명하게 사용해라. 책과 관련한 훌륭한 앱과 웹사이트도 많지만 결국 물리적인 책과 연결되도록 해줘라.

👍 긴 자동차 여행이나 기차 여행 중에는 오디오북을 들어라.

👍 책 내용과 현실생활을 연결해보자. 《울프 아저씨의 팬케이크》 같은 책을 읽고 있다면 다 읽고 나서 아이와 함께 팬케이크를 만들어보자.

하지 말 것

👎 취침 시간에는 숙제로 읽어야 하는 책을 읽지 마라. 특히 아이가 그 책을 별로 좋아하지 않는다면. 취침 시간에 읽는 책은 재미있고 편안하고 느긋해야 한다.

■☞ 아이가 혼자서 책을 읽을 줄 알게 되었다고 해서 가만히 놔두어도 스스로 책을 즐겁게 읽을 거라고 기대하지 마라. 아이는 여전히 부모가 책을 읽어주기를 바란다.

■☞ 아이가 개인적으로 자기 책을 소유하는 것을 두려워하지 마라. 소유 의식은 종종 즐거움을 위한 책읽기를 장려한다.

■☞ 아이와 함께 책 읽는 시간을 줄이지 마라. 기술을 습득하기 위한 시간이 아니라 읽기 자체에 적극적으로 몰두할 시간이 필요하다.

■☞ 어렸을 때 좋아했던 책을 아이에게 소개했을 때 거절당하더라도 기분 나쁘게 생각하지 마라. 개인적인 감정으로 받아들일 일이 아니다.

Q&A

Q : 어떻게 하면 좋을까요? 아이가 더 이상 책 읽어주는 것을 원하지 않아요.

A : 온갖 종류의 주제와 형식을 탐색해봐라. 아이가 직접 읽고 싶은 책을 고르게 해라. 부모는 아이가 고른 책을 참아줘라. 아이가 진심으로 흥미로워하는 주제를 찾아내 관련 책을 구해라. 축구 잡지든 이야기책이든 만화나 정보 책이든 형식은 중요하지 않다. 아이의 관심사에 맞는, 글로 된 읽을거리이기만 하면 된다.

Q : 아이가 두 명인데 어떻게 취침 시간 책읽기를 유지할 수 있을까요?

A : 가장 좋은 방법은 아이들 각자 부모가 읽어주기를 바라는 책을 한 권씩 고르고 나머지 한 권은 다 함께 읽을 수 있는 것으로 고르는 것이다. 함께 읽을 책은 두 아이가 번갈아가며 고르게 해라. 그러면 둘 다 원하는 것을 고를 수 있어 만족할 것이다. 아이의 나이에 따라 큰 아이가 낱말 몇 개나 문장을 읽어보도록 격려해보자.

Q : 아이가 나이보다 어린 그림책을 읽으려고 합니다. 괜찮을까요?

A : 걱정하지 마라. 발달 과정은 절대로 매끄럽게 진행되지 않는다. 아이들은 가끔 두 걸음 앞으로 가기 위해 한 걸음 뒤로 물러나야 한다. 아이가 안정감과 자신감을 느낄 수 있는 책을 고르게 허락해라. 발달상 도약을 위한 준비 과정이다.

● 전문가의 견해 ●

'발달은 흡수와 적응'이라고 말한 피아제의 말이 이 시기를 설명하는 데 도움이 된다. 아이들은 새로운 기술과 지식을 배우지만 두뇌가 그것을 이해하고 이미 습득한 것들과 조화를 이루려면 시간이 필요하다. 계속해서 점점 더 도전적인 책을 읽어주고 함께 읽어가면 언젠가는 아이 스스로 읽고 싶어 할 것이다.

–아만다 거머 박사

Q : 아이가 혼자 책 읽는 것을 싫어합니다. 어떻게 하면 좋을까요?

A : 초조해하지 마라. 혼자 책을 읽을 수 있으려면 생각보다 오랜 시간이 걸린다. 계속 책을 읽어주고 격려하되 어떠한 압력도 행사하지 마라.

발달 단계

5~7세의 발달 단계에서 나타나는 주요 특징.

읽기

- 사물을 향해 손을 뻗는다. 웃는다. 미소 짓는다. 주먹을 쥐고 사물을 잡는다. 흑백을 보던 것에서 점점 색깔을 볼 수 있다.
- 읽을 수 있는 글자를 일부 쓸 수도 있다. 혼자서도 읽기 시작하지만, 여전히 누군가 읽어주는 것을 즐긴다.
- 이야기를 지어내고 들려주는 것을 즐긴다. 이야기에 시작과 중간과 끝이 있다는 것을 안다.
- 즐거움을 위해 다양한 문학을 읽기 시작한다.

사회적, 감정적 기술

- 보통은 체계와 예측 가능한 일상을 좋아한다.
- 자신의 관심사를 찾기 시작하고 선호도를 효과적으로 전달한다.
- 자신과 타인의 감정을 점점 인지하게 된다.
- 더욱 세련된 유머 감각을 개발하고 슬랩스틱 이상으로 움직이기 시작한다.

- 자기가 쓴 글을 다른 사람과 공유하는 것을 즐긴다.
- 슬퍼하는 다른 아이를 본능적으로 돕는다. 감정이입 능력을 키운다. 애완동물 기르는 것을 좋아한다.

사고 기술

- 역할놀이와 환상을 이용한 활동이 유행한다.
- 선택을 어려워하고 이해가 안 되는 일을 하라는 말을 들었을 때 어려워한다.
- 시간 개념을 이해하기 시작하고 시계 읽는 법을 배울 수 있다.
- 공교육에 진입하면서 어휘력이 빠른 속도로 늘어난다.

참고 사항 아이마다 발달 속도가 무척 다르고 연령대별로 습득하는 기술도 다르다. 주로 아이의 환경에 따라 달라진다. 그러나 어떤 기술을 몇 살에 습득하든지 단순한 기술을 바탕으로 더 복잡한 기술을 쌓아가는 연속 과정이다. 예를 들면 근육 발달을 지지하는 대근육 운동 기술이 발달해야 미세한 운동 기술을 사용하는 글쓰기를 배울 수 있다. 무엇보다 어떤 아이도 완전히 똑같을 수는 없다는 사실을 잊지 마라!

4장

읽기의 선택

> 위대한 책을 가르쳐서는 안 된다,
> 책읽기를 사랑하게 가르쳐야 한다,
>
> – B. F. 스키너(심리학자)

8살이 되면 아이들은 독자로서 자신감이 생긴다. 읽는 법을 터득해 대부분이 꽤 잘 읽을 수 있게 되고 독립적으로 자기 능력에 적합한 책을 찾을 수 있다. 어떤 면에서 보면 또 하나의 시작이다. 읽는 능력은 읽기를 향한 진정한 사랑을 개발하고 즐거움을 위해 책을 고르는 사람이 되기 위한 기본 토대이다.

그러나 동시에 이 시기는 아이의 주의를 빼앗을 것들이 주변에 널려 있는 때이기도 하다. 아이가 친구 집단에 적응하는 것을 중요하게 생각하고, 친구들의 의견이 마치 자기 의견인 것처럼 되풀이하는 때이기도 하다. 아이의 취미, 자유 시간을 보낼 방법에 친구들이 큰 영향을 미친다. 그리고 여기 디지털 세상이 있다. 디지털 세상은 책읽기에 정말로 커다란 영향력을 행사한다. 화면은 접근성이 매우 좋고, 화면 사용은 쉽게 버릇

> 책읽기만큼 값싼 오락거리도 없고
> 오래도록 지속되는 즐거움도 없단다,
>
> –1753년 1월
> 메리 워틀리 몬태규 부인이 딸에게
> 전한 손녀의 교육에 대한 조언 중

이 될 수 있다. 화면 사용 시간이 길어지면 아이의 집중력에 영향을 끼치고 책 읽을 시간을 갉아먹는다. 아이가 책읽기를 좋아하는 사람이 되기를 원한다면 화면 사용을 신중하게 관리해야 한다.

최근 한 연구에 따르면 5~7세 아동의 37퍼센트, 8~11세 아동의 62퍼센트가 거의 매일 온라인에 접속하고 있다. 두 연령 집단의 휴대전화 사용 정도는 8퍼센트에서 29퍼센트로 눈에 띄게 차이를 보인다.

－〈아동과 부모 : 미디어 사용과 태도〉, 2013년 오프콤 조사

이렇게 주의를 빼앗는 요인들 때문에 아이가 스스로 책읽기를 선택하게 되려면 생각보다 오랜 시간이 걸릴 수 있다. 이 중요한 시기에 부모는 지속적으로 아이의 책읽기에 참여하고 길잡이 역할을 하면서 아이의 삶에 읽기가 확고하게 자리를 잡도록 도와줘야 한다.

태블릿을 구입하는 가정이 늘어나면서 아이들의 태블릿 사용도도 빠른 속도로 늘어나고 있다. 태블릿 사용은 8~10세에 45퍼센트로 최고조에 이른다. 앞으로 더 많은 가족이 태블릿을 구입할 것이다. 8~10세 아동이 다른 연령 집단보다 태블릿 사용도가 높다.

－〈디지털 시대 영국 아동의 책 소비〉, 2013년 보우커

책 읽는 습관

이제 아이를 책 읽는 사람으로 키우려면 부모의 참여가 필수라는 사실을 알았을 것이다. 이 연령대에 도달하면 부모는 아이 혼자 책을 읽을 수 있게 격려하면서 동시에 책을 계속 읽어주거나 함께 읽으면서 책읽기가 커다란 기쁨이자 즐거움이라는 메시지를 강화해야 한다. 하지만 이 시기가 아이의 발달에 정말로 중요한 순간임에도 많은 부모가 아이와 함께 책읽기를 소홀히 하게 되고 대신 유튜브 같은 디지털 활동과 휴대전화 사용이 늘어나기 시작한다.

최근 학부모를 대상으로 아이들의 책읽기 습관에 대해 물어보았다.
일부 답변을 소개한다.

아이가 책을 더 많이 읽었으면 좋겠어요.
그러려면 제가 뭔가를 해야겠지요?
- 애덤(9세)의 엄마

함께 책을 읽다 보면 아이들이 그 시간을
얼마나 즐거워하는지 느껴집니다.
우리 모두 행복을 느끼죠. 또 아이들은
그만큼 스스로 책을 더 읽고 싶어 합니다.
- 자릴(7세)과 에이샤(8세)의 엄마

딸아이는 아주 어려운 책을 읽다가
가끔 쉬운 책으로 돌아가곤 합니다.
- 젬마(8세)의 아빠

저녁에 아이 방 안을 슬쩍 들여다봤을 때 책을 읽는 걸 보면 정말 행복해요.

-에이미(10세)의 엄마

새미는 책보다 컴퓨터를 더 좋아해요. 책읽기는 따분하다고 생각하고 제가 시키지 않으면 스스로 읽지 않아요. 하지만 제가 먼저 시작하고 아이가 마무리하게 하면 무척 좋아합니다. 또 제가 책을 읽어주는 것을 좋아하고 더 많이 읽어주기를 바라요.

-새미(8세)의 엄마

딸은 여덟 살인데, 제가 책을 읽어주기에는 너무 나이가 많아요.

-에디(8세)의 엄마

숙제와 학교에서 내준 읽기는 꼭 마무리해야 해요. 자꾸 부담이 느껴져서 아이가 좋아하지도 않는 책을 마저 읽으라고 계속 압력을 넣은 것 같아요. 제가 잘못한 듯싶어요. 이제 아이 혼자서 책을 읽게 하려면 즐거움이 가장 중요하다는 걸 깨달았습니다. 지금은 아이가 즐거워하기만 한다면 낮은 수준의 책이라도 읽는 게 좋아요. 재미가 핵심이죠.

-타라(8세)의 아빠

아들은 학교에서 읽는 책을 별로 좋아하지 않아요. 정보 책을 더 좋아하죠. 최근에는 아이가 네 살 때 여러 번 읽었던 책을 다시 꺼내 읽어주고 있어요. 아이는 옛날 책을 접하며 감상에 젖곤 한답니다.

-케러시(10세)의 엄마

카일은 별 어려움 없이 책을 읽습니다. 제가 텔레비전과 노트북, 전화기 사용 시간을 관리하고 감독하거든요. 이제 아이에게 책 읽는 일상이 생겼어요.

-카일(9세)의 엄마

이 시기에 왜 많은 부모가 책 읽어주기를 소홀히 하게 될까? 대화를 나눠보면 아이가 지금 혼자서도 책을 읽을 수 있게 되었으므로 스스로 읽을 거라고 기대하는 부모가 많은 것 같다. 이들은 아이 혼자서도 열심히 책을 읽을 거라고 기대하고 또 희망한다. 또 읽기 능력이 생긴 지금 부모가 책을 읽어주기에는 아이가 많이 컸다고 생각하기도 한다. 어떤 아빠는 아홉 살 아들에 대해 이렇게 말하기도 했다. "아들은 아기가 아니에요. 혼자서도 읽을 수 있다고요. 그 나이에 책을 읽어줘야 한다니, 상상도 할 수 없어요."

이게 가장 슬픈 모습이라고 생각한다. 부모가 책을 읽어주는 것은 결코 유치한 일이 아니다. 자동차에서 오디오북을 듣거나 라디오로 이야기를 듣는다면, TV로 좋은 드라마를 보거나 영화를 보러 간다면, 당신은 이야기를 즐기고 또 누군가 들려주는 이야기에 귀를 기울인다는 뜻이다.

누군가 읽어주는 이야기를 듣는 것은 인생의 가장 큰 즐거움 중 하나이다. 오래전부터 이야기 듣기는 인류에게 재미와 아늑함과 사회적 유대감을 안겨주었다. 언어가 우리를 인간으로 만들어주었다. 그러니 제발 아이에게 책을 읽어주는 일은 아주 어린 나이에나 하는 것이라고 생각하지 마라. 당신은 큰 아이들에게 진정한 마법이 일어나지 못하게 막을지도 모른다.

일상을 계속 유지해라

아직 스스로 책을 읽는 습관이 서지 않았다면 먼저 주의를 빼앗는 요인들을 멀리하고 책을 읽을 수 있는 조용한 시간과 공간을 마련해라. 이미 아이가 스스로 책을 골라 읽더라도 일상을 계속 지켜가라. 지금은 책 읽는 습관이 바로 선 것처럼 보여도 주의를 빼앗는 요인들이 무수히 많기 때문에 부모가 적극적으로 나서지 않으면 습관이 금세 무너질 수 있다.

어떤 부모가 열 살 된 딸 클로에에 대해 이렇게 말했다. "아이는 책읽기를 무척 좋아했는데, 뭔가 변하기 시작했어요. 이제 책을 선택하지 않아요. 오직 친구들과 문자메시지 주고받는 것에만 관심이 있죠."

 ## 화면 사용 시간 규칙은 명확하게

디지털 세계가 아이들을 위한 엄청난 기회를 품고 있는 건 부인할 수 없는 사실이다. 누구나 우리 아이들이 그 기회를 누리고 혜택을 받기 바라지만, 아이가 화면 사용 시간에 장악당하지 않도록 생활의 균형을 유지해야 한다. 앞서 말했듯이 이 시기 부모들은 아이가 책을 열심히 읽기를 바란다고 말해놓고 화면 사용 시간을 일주일 내내 24시간 허락하기도 한다. 책 읽는 시간을 마련하려면 규칙을 분명하게 정하고 지켜야 하며 책 읽는 일상을 확립해야 한다.

아이는 또래의 영향을 받아 어쩔 수 없이 불만을 토로할 것이다.

친구들은 하고 싶을 때마다 뭐든 실컷 할 수 있는데 자기만 못 한다고 불평할 것이다.(누구는 저녁 내내 아이패드로 게임을 할 수 있다, 자기 방에서 TV를 볼 수 있다, 오후 내내 엑스박스로 게임을 할 수 있다 등등. 나 역시 아들에게 똑같은 말을 들었다!) 이때 부모는 입장을 분명히 고수해야 한다. 결국 규칙을 지키는 게 아이에게 궁극적으로 도움이 된다고 굳게 믿어라. 집집마다 규칙이 다를 수 있으며 우리 집은 다른 집과 달리 이렇게 한다고 설명해라.

감정적인 협박에 넘어가지 마라. 어떤 부모가 말했다. "열한 살 제이가 학교에서 돌아와 이렇게 푸념하던 게 생각나네요. '학교가 직소퍼즐이라고 하면 나만 들어맞지 않는 퍼즐 조각이에요. 콜 오브 듀티 게임을 하지 않는 사람은 나 혼자라 대화에 낄 수가 없었다고요!'"

📖 취침 시간 읽기는 필수

취침 시간에 책을 읽는 일상은 여전히 아이의 삶에 중요한 닻의 역할을 해준다. 편안함과 느긋함, 조용한 시간을 선사하고 부모와 아이 모두 이야기를 즐길 수 있게 해준다. 이 시간 아이는 엄마나 아빠로부터 혹은 둘 다로부터 집중된 관심을 실컷 누릴 수 있다. 매일 함께하는 이 시간은 감정적인 측면에서 아이에게 몹시 소중한 순간이고, 아이와 부모가 강력한 관계를 유지하기 위해서도 필수이다. 지금쯤 또래 압력이 빠른 속도로 두터워지고 있고 여기에 학교에서 겪는 온갖 고민이 뒤섞여 굉장히 복잡한 감정을 형성한다. 친구와 가까워졌다 멀어졌다 하고 때로는 소외감을 느끼기도 한다. 이때 아이들은 이런 이야기를 부모에게 쉽게 털어놓지 못한다.

당신이 바쁘게 일하는 부모라면 아이의 고민 해결을 도와줄 시간을 따로 내기가 어렵다. 이때 필요한 것을 정확히 줄 수 있는 시간이 취침 시간이다. 이 시간에 아이는 부모에게 고민을 털어놓을 수 있고 부모는 아이를 안심시키고 길잡이 역할을 할 기회를 잡게 된다. 함께 책읽기는 매우 긍정적이고 따뜻한 일이며 안전감과 안도감을 형성한다.

스스로 읽도록 격려해라

많은 아이가 혼자서 책 읽는 단계로 가는 걸 주저한다. 혼자 읽을 수 있게 되었어도 여전히 겁이 나 엄두를 내지 못하기도 한다. 학교와 방과 후 활동에서 돌아와 몹시 피곤할 수도 있고 그냥 혼자서 읽는 습관이 서지 않아서일 수도 있다. 이때 아이가 스스로 책을 읽게 격려하는 효과적인 전략 한 가지가 있다. 아이들이 가끔 늦게까지 안 자는 걸 좋아한다는 사실을 이용한 것이다. "이제 불 끄고 자리에 누울 시간인데, 10분만 더 깨어 있고 싶으면 책을 읽어도 좋아." 아마 당장 책을 읽겠다고 할 것이다.

다양한 곳에서 책을 찾아라

서점과 도서관을 정기적으로 찾아가고 중고 서점을 찾아다니는 것도 읽기 습관을 굳히는 데 도움이 될 수 있다. 기회가 생기면 아이를 데리고 작가와의 만남과 같은 책 관련 행사에 가보자. 또 문학 관련 축제에 참가해 책과 등장인물에 대한 이야기를 들을 수도 있다. 아이에게 감동과 영감을 안겨줄 수 있다.

이 시기 루이스는 유도를 배워서 무술에 관한 것을 뭐든 좋아했다. 한 번은 루이스를 데리고 《어린 사무라이》의 저자 크리스 브래드퍼드를 만나러 웨일스의 헤이 페스티벌에 갔다. 저자가 일본 사무라이 복장을 입고 칼을 휘두르며 책과 등장인물을 생생히 표현하자 관객들은 완전히 압도당했다. 몹시 인상적인 그 모습에 아마 그 자리에 온 모든 아이들이 행사가 끝나자마자 당장 그 책을 사고 싶어 했을 것이다.

학교에서 진행하는 책의 날 행사도 책읽기에 관심을 불러일으킬 좋은 기회다. 또 아이가 좋아하는 캐릭터로 분장하는 것도 재미를 더하는 좋은 방법이다.

남아와 여아

읽기에 관해 남아와 여아를 차별하지 않는 게 매우 중요하다. 우리 사회에 남자아이에 대한 낮은 기대치가 만연한 걸 보고 깜짝 놀랄 때가 있다. 부모들은 아들이 듣는 앞에서 "아들은 원래 읽기를 싫어해요.", "아들이야 게임이나 좋아하죠." 하는 말을 놀라울 정도로 자주 한다. 이런 편견을 아이들이 듣는 곳에서 아무렇지도 않게 내뱉는 모습을 보면 무서울 정도다.

아들이 실제로 이런 소리를 듣는다면 읽기에 대해 어떤 생각을 품게 될지 한번 생각해봐라. 아들이 읽기를 싫어할 이유는 없다. 실제로 남아가 여아보다 게임을 더 좋아하는 것처럼 보이는 게 사실이지만, 읽기와 게임을 둘 다 할 공간은 분명히 있다.

전문가의 견해

섣부른 지레짐작이 아이에게 제한적인 결과를 가져올 수 있다. 남자는 원래 책읽기를 잘 못 한다고 생각하는 남자아이는 당연히 책읽기에 도전하거나 즐거움을 위해 책을 읽는 선택을 하지 않게 될 것이고 그만큼 읽기가 점점 어려워질 것이다. 흥미로운 주제를 찾아내는 게 비결이다. 책읽기를 사랑하는 사람이라면 이야기에 푹 빠질 때의 매력과 전율이 뭔지 알 것이다. 부모들은 아들이 만화책이든 축구 프로그램이든 무엇을 읽는가를 걱정하지 말고 그게 디지털 형식이라도 뭐든 읽고 있다는 자체를 보장해주어야 한다. 그러면 아이는 푹 빠질 수 있는 이야기, 결국 즐거움을 위해 읽을 이야기를 발견하게 될 것이다.

－아민다 거머 박사

책 읽는 집

삶은 분주하다! 삶은 소란스럽다! 책읽기가 뿌리내리고 번창하려면 적당한 환경부터 만들어야 한다. 부모들은 자신의 어린 시절을 떠올려보고 시간이 없어서 책을 못 읽는다는 말을 언뜻 이해하지 못한다. 당시에는 할 일이 없을 때 책을 집어 들기가 쉬웠다. 그러나 오늘날 아이들의 삶은 우리 어린 시절과는 많이 다르다. 아이들에게는 뭘 해야 할지 몰라 당혹스러운 순간이 별로 없다. 늘 방과 후 활동과 학교 숙제로 바쁘다. 디지털 기기가 손만 뻗으면 닿는 곳에 있고 일정표는 쉽게 채워진다. 메시지를 주고받거나 게임을 하거나 앱을 가지고 놀거나 TV를 보거나 SNS를 하거나 유튜브를 돌아다니는 게 매우 쉽다. 이런 활동은 책이나 잡지를 읽는 것보다 훨씬 더 즉각적인 만족을 준다.

> 8세 이하 아동의 휴대전화 소지 정도는 비교적 낮지만 9세부터 솟구치기 시작한다. 9세 아동의 20퍼센트가 현재 휴대전화를 갖고 있으며 수치가 점점 올라가 중학교에 들어가는 11세가 되면 62퍼센트가 휴대전화를 가지게 된다.
>
> -〈아동과 부모: 미디어 사용과 태도〉, 2013년 오프콤

이런 현실에 대응하려면 일단 집 안에 읽을거리가 다양하고 풍성

해야 한다. 책, 잡지, 신문 등 다양한 형태의 읽을거리를 마련해보자. 아이가 전자책을 좋아한다면 장려책으로 한번 시도해볼 만하다.

학교에 다녀와서 가장 먼저 하는 일은 책을 꺼내는 것이다. 엄마는 매일 밤 잠들기 전에 책을 읽어주신다.

−에밀리(10세)

아이 방에는 TV, DVD 플레이어, 게임기, 노트북 등 어떠한 화면도 없어야 한다. 여기에는 휴대전화도 포함된다. 메시지가 계속 들어오며 답장을 기다리는데 아이가 어떻게 책읽기에 집중할 수 있겠는가? 어떤 아이의 침실은 무슨 미디어 허브 같다! 최근 만난 한 부모가 11세 딸이 책 좀 많이 읽었으면 좋겠다고 하소연을 하는데, 막상 그 집에 가보니 왜 책을 못 읽는지 알 수가 있었다. 아이 방에는 TV가 있었고 책장에는 DVD가 잔뜩 쌓여 있었으며 방 안에 닌텐도 DS와 닌텐도 위까지 갖춰져 있었다. 게다가 아이에겐 스마트폰까지 있었다. 이 모든 것을 무시하고 책을 집어 들려면 세상에서 가장 집중력이 뛰어난 아이가 와도 어려울 것이다. 아이가 주변에 어떤 책이 있는지 보고 책읽기를 오락의 원천으로 생각할 수 있으려면 일단 아이 방에 책장이 있어야 한다.

더 어린 아이에게도 그랬듯이 이 연령대 아이에게도 부모가 먼저 책 읽는 모습을 본보기로 보여주는 게 중요하다. 아이가 벌써 부모의 말에 도전하는 단계에 접어들고 있는 만큼 '내가 말하는 대로

해'가 아니라 '내가 행동하는 대로 해' 방식을 채택하는 게 좋다. 부모 스스로 주말이면 책이나 잡지, 신문을 읽어라. 30분만 내서 커피 한잔을 들고 아이와 함께 앉아 각자 읽고 싶은 것을 읽는 '우리 가족 독서 시간'을 마련해보자.

부모도 책 읽는 것을 좋아한다는 것을 보여주며 화면을 사용하지 않고도 시간을 보낼 수 있다는 것을 보여줘라. 요즘 우리 삶은 너무도 분주하고 정신이 없다. 저녁에도 메시지를 주고받고 업무용 이메일에 답장을 써야 하고 온라인으로 마트에 식료품을 주문하고 페이스북 업데이트를 한다. 화면 사용 시간 외에 다른 일도 똑같이 타당하다는 것을 보여주기 위해서라도 부모 스스로 화면을 끄는 시간을 보내야 한다.

이 연령대 아이에게 책 읽는 집은 더 어렸을 때보다 다양한 개념을 지닌다. 이제 아이가 읽고 싶은 책, 하고 싶은 일에 대한 선호가 점점 분명해진다. 아이가 자라면서 새로운 것을 향해 마음을 열게 되므로 책 읽는 집은 서점과 도서관, 책 관련 행사 등으로 확장될 기회가 생긴다. 외부 세계가 책 읽는 집을 더 풍성하게 받쳐줄 수 있다.

책 읽는 법

아이 스스로 책을 읽을 수 있게 격려하는 한편 계속해서 아이에게 책을 읽어주는 것도 중요하다는 말을 앞서 했다. 이 시기 '나란히 읽기'가 진가를 발휘할 수 있다. 부모와 나란히 책을 읽으며 아이는 자신의 능력보다 성숙한 내용의 책도 받아들일 수 있게 된다. 나란히 읽기는 아이와 부모가 책 한 권을 서로 돌아가며 소리 내어 읽어주는 방식이다. 아이가 한 페이지를 읽고 부모가 이어서 또 한 페이지를 읽을 수도 있고, 아이가 한두 페이지를 읽으면 부모가 그 챕터의 나머지를 이어서 읽어주는 방식도 있다. 또 부모가 각 문단의 첫 부분을 조금 읽으면 아이가 나머지를 다 읽을 수도 있다.

서두르지 말고 아이에게 편안한 속도로 읽어가라. 아이가 어렵다고 생각해 혼자서는 읽을 엄두를 내지 않는 책을 아이에게 소개하기에 좋은 방법이 바로 나란히 읽기이다. 나란히 읽기의 장점을 요약하면 다음과 같다.

● 둘이 함께 읽기 때문에 책읽기 속도를 높일 수 있고 아이가 다양한 책을 접할 수 있게 도와준다.

● 함께 다양한 분야의 책을 읽고 또 아이가 지루해하지 않게 도와줄 수 있으므로 아이의 관심을 계속 유지할 수 있다.

● 아이가 책읽기를 어려워하면 이야기의 요점에 도달하기까지 시간이 오래 걸리고 그만큼 빨리 포기하기가 쉽다. 나란히 읽기는 이

과정의 속도를 높여주고 아이가 더 빨리 관심을 보이고 책에 몰두할 수 있게 해준다.

● 집중과 집중력 범위에 문제가 있을 때 대응할 수 있다. 부모는 좋은 이야기가 안겨주는 보상을 경험할 수 있게 도와주고, 참고 버틸 만한 가치가 있다는 것을 가르쳐줄 수 있다.

● 읽기의 본보기를 보여줄 수 있고 부모 역시 책읽기를 즐거워한다는 것을 보여줄 수 있으며 소리 내어 읽는 법을 직접 보여주는 방법이다.

● 함께하는 시간을 즐길 수 있다. 나 역시 루이스가 읽을 차례가 되면 눈을 감고 아이의 목소리에 귀를 기울이며 힘든 하루의 긴장을 풀곤 했다. 그때마다 나의 어린 시절이 떠올랐다. 누군가 읽어주는 소리에 귀를 기울이는 것은 매우 사랑스러운 경험인데, 아이가 읽어주는 소리를 듣는 시간은 천국과도 같았다!

지난 2년 동안 우리는 취침 시간마다 내가 책을 읽어주면 마르코도 조금 읽어주는 방식으로 했다. 그렇게 《해리 포터》와 《리틀 그레이 맨》과 같은 책을 읽었다. 마르코가 먼저 두세 페이지를 읽으면 내가 나머지를 읽었다. 이렇게 아이는 어려운 책도 소화해나갔다.

이제 아이는 혼자서도 15분 정도 책을 읽는다. 보통 《아스테릭스》나 《틴틴》 같은 만화책이나 유머 책을 고른다.

아이는 우리가 함께 책 읽는 것을 정말로 즐거워했지만 혼자서는 읽지 않으려고 했다. 그런데 지금은 처음으로 소설책을 읽겠다고 한다.

아이는 지금 할머니가 열 번째 생일 선물로 주신 《이상한 나라의 앨리스》를 읽고 있다. 나도 《거울 나라의 앨리스》를 다 읽고 아이가 원하면 언제든지 읽을 수 있게 한쪽에 놔두었다!

－마르코(10세)의 엄마

아이가 나란히 읽기를 원하지 않는다면 억지로 하지는 마라. 그냥 아이가 읽고 있는 책과 더불어 계속해서 책을 읽어줘라.

오디오북을 활용해 읽기의 범위를 넓혀라

이 단계에서 오디오북을 매우 유용하게 활용할 수 있다. 나란히 읽기와 마찬가지로 수준이 높아 아이 혼자서는 읽을 수 없는 책을 오디오북으로 소개할 수 있다. 또 새로운 종류의 책과 새 장르를 도입하는 방법도 된다. 자동차 여행 중에 함께 듣고 집에 돌아와 그 책에 대한 대화를 나눌 수도 있다.

시간과 동기를 찾아라

정신없이 바쁘게 살다 보면 아이와 책을 읽어야 한다는 게 안 그래도 부담스러운 하루를 더 부담스럽게 만드는 의무로 보일 수 있다. 누구나 쉽게 빠질 수 있는 상황이므로 이런 일이 일어나지 않게 미리 방지하는 게 중요하다.

> 2012년 8~10세 아동 부모의 53퍼센트가 작년보다 아이에게 책을 덜 읽어준다고 대답했다.
>
> -〈아동과 독서〉, 2013년 유가브

아이와 함께 책 읽는 시간을 긍정적으로 생각해라. 책읽기는 의무가 아니다. 아이와 가까워질 완벽한 기회이자 아이의 미래를 위해 투자하고 있다고 스스로 어깨를 다독여줄 기회이다. 부모가 생각할 수 있는 그 어떤 것보다 가치 있는 일이다. 영국문해자문위원회는 자녀가 16세에도 부모가 아이의 책읽기에 관심을 보이는가가 이후 아이의 성취를 가장 잘 예측할 수 있는 지표라고 말한다. 아동의 20퍼센트가 나이에 비해 책읽기 능력이 기대치 이하인 상태로 초등학교를 졸업한다는 사실을 고려해보면 부모의 역할이 얼마나 중요한지 알 수 있다. 함께 책을 읽는 시간을 만들어갈수록 아이에게 안겨주는 이로움을 눈으로 확인할 수 있을 것이고 그만큼 부모도 계속 책을 읽어주고 싶을 것이다.

시간 배치를 요령 있게

아이가 둘 이상이고 시간이 별로 없다면 아이 각자 연령에 적합한 책 한 권이나 한 챕터씩 읽어주는 것으로 타협해라. 책은 아이가 고르게 해줘라. 아이들이 둘 다 자리에 앉아 형제가 고른 책을 듣고 있으면 더 좋다.

하루에 단 10분밖에 내지 못하더라도 매일 밤 읽어줘라. 주말에 물 쓰듯 시간을 쓰고 한동안 아무것도 안 하는 것보다는 조금씩 자주 읽는 게 더 좋다. 물론 때로는 여건이 허락하지 않을 때가 있다. 이런 일이 자주 일어나더라도 의식적으로 아이와 책 읽는 시간을 계속 마련할 수 있도록 노력해라.

나 역시 아들에게 매일 저녁 책을 읽어주었노라 장담하지는 못하겠다. 나도 늦게까지 일한 적이 많았고 가끔은 저녁에 외출하기도 했다. 부모가 불가능하면 아이에게 대신 책을 읽어줄 사람을 구할 수도 있다. 큰아이에게 부탁할 수도 있고 베이비시터에게 부탁할 수도 있다. 핵심은 그것이 일상이 되어야 한다는 것이다. 가끔 중단되더라도 습관이 서 있으면 다시 습관으로 돌아갈 것이다.

뭐든 습관이 생기면 그 일을 하기가 더 쉬워지는 것 같아요!

−제이슨(8세)과 자비나(10세)의 엄마

아이 혼자 책을 읽는 단계까지 너무 오래 걸리는 것 같아 좌절하고 있다면, 아이가 규칙적이고 일상적으로 즐거움을 위해 책을 읽는 시점에 이르는 길은 결코 한 방 해결책으로 얻어지는 게 아니라는 사실을 기억해라. 아이가 읽기를 좋아할 수 있도록 노력하고 있다면 아이의 행복과 교육과 복지와 지식과 부모와의 관계를 위해 무척 소중한 일을 하는 것이다. 좋게 생각해라!

무엇을 읽을 것인가?

뭐든 다 읽어라. 이 시기는 아이가 자신에 대해 점점 많은 것을 알아가는 때이다. 자신이 정말로 무엇에 관심이 있는지 알아가면서 정체성과 성격을 형성하는 중이다. 이때 아이가 읽어볼 수 있는 다양한 책과 잡지, 기사를 공급해주는 게 좋다. 선택할 게 많아서 공급하기도 쉽다. 핵심 비결은 부모가 뭔가를 제공하고 제안하는 것과 아이 스스로 새로운 읽을거리를 적극적으로 선택할 수 있게 격려하는 것 사이에 균형을 이루는 것이다. 그래야 아이는 개인적인 선택권과 소유 의식, 참여도를 느낄 수 있다.

어떤 책이 아이의 영감을 자극할지는 알 수 없다. 아이를 데리고 마트 서적 코너나 서점, 중고 서점, 바자회 등에 찾아가 아이가 주로 어떤 책에 눈길을 주는지 살펴봐라. 지금껏 아이가 어떤 분야에 관심을 보였고 무엇을 재미있게 읽어왔는지 생각해보고 아이가 매력을 느낄 만한 분야의 읽을거리를 찾아보자.

아이의 열정과 재능을 반영하는 책이나 잡지를 찾아보자. 딸이 춤을 좋아한다면 노엘 스트리트필드의 《발레 슈즈》를 보여줘라. 아들이 주로 음악에 반응하고 리듬과 라임을 좋아한다면 존 메이스필드의 《카고》 같은 시집이나 W. H. 오덴의 《밤의 편지》 같은 시를 읽어줘라. 아이가 미스터리에 특히 매료된다면 《알렉스 라이더》 시리즈를 시도해볼 수도 있다.

이 연령대 아이들은 자연스럽게 수집을 좋아하므로 좋아하는 작가의 책을 모두 모으거나 시리즈를 구입할 수도 있다. 한 권을 읽으면 계속해서 다음 권이 읽고 싶어지는 게 시리즈의 좋은 점이다. 루이스도 《알렉스 라이더》 시리즈를 읽을 때 한 권을 읽으면 곧바로 다음 권을 사달라고 조르곤 했다.

아이들은 자신의 대중문화를 사랑한다. 이 지점을 정확히 맞춰주는 좋은 잡지를 찾을 수 있을 것이다. 영화, 게임, 대중음악, 미술, 만들기, 축구 등 아이가 키워가는 관심사가 잡지에 담겨 있을 것이다. 아이가 좋아하면 그 잡지를 정기구독 해보자. 아직도 탐색 중이라면 주말마다 서점에 가 잡지를 하나씩 골라보자. 아이가 스포츠를 좋아한다면 신문 스포츠 칸도 좋은 읽을거리가 되어줄 것이다. 신문을 읽으면서 아이는 마치 어른이 된 듯한 기분이 들기도 할 것이다! 또 책 외에 다른 매체를 통해 읽기에 더 관심을 가지게 될 수도 있다. 아이가 어떤 영화나 TV 프로그램, DVD를 좋아하면 원작 책이 훨씬 더 많은 내용을 담고 있다고 설명하고 그 책을 소개해 줘라.《스티그 오브 더 덤프》《난 작가가 될 거야》《해리 포터》《워호스》《한밤중 톰의 정원에서》《틴틴》 등이 있다.

어떤 아빠는 크리스마스에 딸을 데리고 극장에 가 '메리 포핀스' 연극을 봤는데, 아이가 연극을 몹시 마음에 들어했다고 한다. 사실 이 연극의 원작 책이 있다고 했더니 아이는 당장 그 책을 읽어달라고 부탁했다.

게임 역시 읽기로 가는 길을 연결해준다. '마인크래프트'나 '모시 몬스터' 등을 만든 게임 회사는 게임에 관한 책도 출판한다. 자녀가 '마인크래프트'나 '스카이랜더스'의 열렬한 팬이라면 이에 관한 책을 소개해라. 이런 게임 책은 적당한 읽을거리가 아니라고 생각되더라도 너무 불만스러워 하지 말자. 일단 읽기를 즐기는 자체가 중요하다. 아이가 읽기를 즐기면 다른 읽을거리를 향해서 마음을 열 가능성이 훨씬 커진다. 책읽기는 긴 여정이고 그 과정에서 온갖 종류의 읽을거리를 만나기 마련이다.

유머 책도 8~10세 남아와 여아 모두 좋아하는 종류의 책이다. 특히 가족끼리 농담과 유머를 공유하면 부모와 자녀 사이에 커다란 유대감이 생길 수 있다. 어쩌다 한마디를 해도 가족 모두 알아들으며 웃게 되는 그런 농담 말이다. 루이스와 내게는 앤디 스탠턴의 《황당하고 고약하고 어설픈 악당 미스터 검》이 그런 책이었다. 그 책을 읽고 난 후로 한동안 루이스는 TV를 보고 싶을 때마다 이렇게 말하곤 했다. "막대기 한 자루 봐도 돼요?"(그 책을 읽은 사람만 알아들을 수 있는 농담이다.)

8~10세 남자아이들은 종종 과학과 자연에 강한 흥미를 보이고 여자아이들은 아이들과 가족에 관한 이야기를 좋아한다. 그러나 이는 일반적인 이야기이고 다양성을 갖추는 게 중요하다. 전형적인 모습의 아이는 존재하지 않는다. 자녀의 관심사를 알고 깜짝 놀랄

수도 있다. 이 나이에 루이스는 제럴드 더렐의 《나의 특별한 동물 친구들》을 무척 좋아했다. 이 책에는 과학과 자연, 가족과 아이들이 모두 들어 있다!

아이들은 그림책을 보던 시절을 몹시 그리워하므로 그림이 많은 책이나 잡지, 만화책, 혹은 삽화가 있는 정보 책 등을 찾아보자. 《윔피 키드》와 《니키의 도크 다이어리》가 큰 성공을 거둔 걸 보면 아이들이 그림을 얼마나 좋아하는지 알 수 있다.

> 8~10세 아이들의 관심사는 만화책이나 그래픽 소설(37퍼센트) 그리고 연간물(53퍼센트) 분야에 집중된다. 그림책에서 텍스트를 기본으로 하는 책읽기로 넘어가는 과도기다.(연간물은 영국 출판 시장에서 일 년에 한 번 주로 크리스마스 직전에 특별히 출시되는 책으로, 크기가 크고 화려한 그림이나 사진이 많은 게 특징이다.)
>
> –〈디지털 시대 영국 아동의 책 소비〉, 2013년 보우커

이번 장을 시작할 때 이 나이대 아이들은 점점 친구들의 영향을 많이 받는다는 말을 했었다. 이 영향력이 이로울 수도 있다. 아이에게 주변 친구들은 뭘 읽는지 물어보고 아이도 그 책을 읽고 싶은지 알아봐라.

부모가 어렸을 때 좋아했던 책을 소개하는 것도 좋다. 아이가 싫어할 수도 있지만, 대개는 마음이 통할 것이다. 우리가 함께 《제비호와 아마존 호》를 읽었을 때 루이스가 내게 이렇게 말한 적이 있다. "엄마도 이 책을 정말로 좋아했을 것 같아요, 그렇죠?" 이렇게 부모는 자신의 과거를 다시 만나면서 가족의 전통을 만들고 집안에 안정감과 소속감을 심어줄 수 있다. 부모 자신도 예전에 좋아했던 것들을 다시 만날 수 있고 아이는 그 모습을 보고 편안함을 느낄 수 있다. 열한 살 여자아이가 친구들과 다른 중학교로 진학하게 되면서 새로운 상황을 몹시 불안해했다. 어느 날 취침 시간에 엄마가 딸에게 어떤 책을 읽고 싶으냐고 물었더니, 아이는 조금 당혹스러워하면서 예전에 정말로 좋아했던 베아트릭스 포터의 《플롭시의 아기 토끼들 이야기》를 읽어달라고 했다. 짐짓 심각하지 않은 척하면서 "그냥 옛날 생각이 나서요."라고 덧붙이기도 했다. 엄마는 이 책이 아이에게 편안함과 안정감을 안겨준다는 사실을 깨달았다.

이 나이대 아이들에게는 시도 잘 맞는다. 시는 짧고 접근하기 쉬우며 어렵지 않다. 그리고 매우 다양하다. 훌륭한 시집들이 많다. 앤 파인의 시집 《어 셰임 투 미스》를 시도해봐라. 루이스는 《오렌지 실버 소시지》 시집을 무척 좋아했다. 아이들은 실컷 웃을 수 있는 재미나고 우스꽝스러운 시를 좋아한다. 로저 맥그로, 에드워드 리어, 루이스 캐롤, 스파이크 밀리건 등의 시와 힐레어 벨록의 《훈계의 시》를 시도해봐라. 아이와 함께 시를 지어보자. 그리고 깊은 영감을 위해 더 많이 읽어보자.

학교

아이의 학년이 올라갈수록 부모는 선생님과 접촉할 일이 줄어든다. 이제 아이 혼자서도 학교에 잘 가기 때문에 부모가 데려다줄 때에도 교문까지만 가지 교실까지 가지 않는다. 선생님과 개인적으로 만나기가 어려워도 이메일을 보내거나 아이 편에 쪽지를 보낼 수는 있다. 선생님들은 언제나 매우 적극적으로 도와주고 조언할 준비가 되어있다. 교사 역시 부모만큼이나 아이들이 즐거움을 위해 책을 읽기를 바란다. 누구보다 경험이 많고 아이디어와 지식이 충만하기 때문에 어떤 책을 읽는 게 좋은지 많은 정보를 전해줄 수 있다. 또 교사는 아이들 각자 어떤 주제에 어떻게 반응하는지 볼 수 있으므로 아이가 정말로 열심히 집중하고 몰두할 수 있는 주제가 뭔지 도움말을 줄 수 있다. 물론 교사와 계속 교류를 유지하고 학교에서 무슨 일이 벌어지는지 속속들이 알기는 어렵겠지만, 이 연령대에도 처음 입학했을 때와 마찬가지로 학교생활에 대한 관심이 중요하다. 부모와 아이와 학교가 서로 도움을 주고받을 수 있다.

학년이 올라갈수록 숙제가 늘어나고 읽기가 중요해진다. 보통 집에서 매일 15~20분 정도는 책을 읽어야 하고 학교에 따라서 구체적으로 소리 내어 읽으라고 주문하기도 한다. 이를 즐기는 아이도 있지만 그렇지 않은 아이도 있다. 소리 내어 읽는 게 쉽지만은 않다. 아이가 책을 즐긴다면 취침 시간에 그 책을 읽지 않을 이유가 없다. 그러나 이전 연령대와 마찬가지로 아이가 그 책을 좋아하지 않는다면 취침 시간에 읽지 말고 시간을 따로 정해 읽어라. 이상적으로는 아이가 지나치게 피곤하지 않은 시간에 읽는 게 좋다. 아이가 그 책을 싫어한다면 선생님에게 아이가 흥미로워할 다른 책을 찾아 대신 봐도 되겠느냐고 물어봐라. 취침 시간에는 아이가 정말로 좋아하는 책과 이야기에 푹 빠져들 수 있게 해줘라. 그렇게 해야 지금껏 어렵게 쌓아온 함께 읽는 행복한 시간을 계속 지켜나갈 수 있다.

> 아이는 매일 저녁 20분간 소리 내어 책을 읽으라는 숙제를 몹시
> 싫어합니다. 그냥 내버려둬야 할지 읽게 해야 하는 건지 모르겠습니다.
> 아이는 《윔피 키드》와 《수학》 잡지는 좋아합니다. 학교 숙제로 이런 책을
> 읽으라고 하면 얼마나 좋아할까요?
>
> ―제이미(10세)의 엄마

아이가 커갈수록 수업 시간을 위한 필독 교재를 읽어야 한다. 그런 책을 좋아하지 않는다면 아마도 즐거움을 위한 책읽기가 아니라 해야 할 공부로만 느껴지기 때문일 것이다. 이때 좋은 전략은 부모와 아이가 함께 수업 교재를 '나란히 읽는' 것이다. 책을 끝까지 읽을 수 있게 도와주고 부모가 강조할 부분에서 재미난 억양을 보태면 더 흥미를 느낄 수 있다. 질문으로 그 과목에 대한 호기심을 자아낼 수도 있다.

아이 학교에서 자원봉사를 할 수 있다면 역시 환영할 만한 일이다. 아이가 수업 시간에 뭘 읽는지 볼 수 있고 집에서 책을 읽어줄 때 힌트를 얻을 수도 있으며 부모가 도와줄 만큼 읽기가 학교 공부에서 차지하는 비중이 높다는 메시지를 전할 수도 있다. 학교 측에 작가와의 만남 같은 행사를 계획해달라고 권해봐라. 신나고 열정적인 시간이 될 것이다.

이 시기는 아이가 평생 책 읽는 사람으로 자라기 위한 결정적인 단계이다. 그만큼 이제 막 습득한 읽는 기술을 즐거움을 위한 책읽기에 쓰도록 격려해야 한다. 아이가 혼자서 읽을 수 있게 되었다고 스스로 책을 읽을 거라는 보장은 없다. 아이가 좋아하는 분야를 책과 연관 짓고, 읽기 습관과 일상을 세우고, 책과 잡지와 신문 등을 쉽게 접할 수 있게 하고 아이 방에 TV 등의 화면을 금지하는 책 읽는 집을 만든다면, 확실한 성공을 보장할 수 있을 것이다.

할 것과 하지 말 것

할 것

👍 읽기 일상을 계속 지켜나가라. 일상을 고수하며 계속해서 책을 읽어줘라.

👍 화면 사용 시간을 제한해라.

👍 아이 방에 화면을 두지 않는 규칙을 정해라.

👍 다양한 종류의 책을 읽을 수 있도록 해줘라.

👍 읽기에 흥미를 느낄 수 있도록 책을 원작으로 한 영화나 TV 프로그램, DVD, 연극, 게임 등을 찾아봐라.

👍 아이 앞에서 책이나 잡지를 읽는 본보기를 보여라.

👍 아이 앞에서 부모 스스로 화면을 끄는 시간을 보내라.

하지 말 것

👎 읽기에 관해 성별 구분을 하지 마라. 남자아이도 여자아이만큼 책을 많이 읽을 수 있다.

👎 너무 빨리 너무 많은 것을 기대하지 마라. 아이 혼자서 책을 읽을 수 있게 되기까지 생각보다 오랜 시간이 걸릴 수 있다. 참을성을 가져라.

👎 아이와 함께 책 읽는 시간을 점점 소홀히 여기지 마라.

👎 아이가 천천히 읽는다고 너무 좌절하지 마라. 내키지 않는 것을

빨리 읽고 해치우는 것보다는 천천히 읽으며 즐기는 게 낫다.

👎 아이가 고른 읽을거리를 수준에 맞지 않는다고 무시하지 마라. 만화책, 잡지, 온라인 만화, 유머 책, 그래픽 소설을 포함해 모든 읽기는 좋은 읽기이다.

Q&A

Q : 딸아이가 숙제와 방과 후 활동으로 너무 바쁘고 피곤해 책 읽을 시간이 없습니다. 어떻게 하면 아이가 책을 읽을 수 있을까요?

A : 취침 시간 읽기가 정답이다. 단 10분이라도 일상으로 만들면 된다.

Q : 아홉 살 아들은 혼자서도 책을 잘 읽을 수 있는데, 책읽기에 전혀 관심을 보이지 않습니다. 제가 계속 읽어주기만을 바랍니다. 어떻게 해야 아이 스스로 책을 읽을 수 있을까요?

A : 나란히 읽기에 집중해보자. 아이가 한 페이지만 읽고(혹은 단 한 문단이라도 읽고) 나머지는 부모가 읽어줘라. 아이가 소리 내어 읽는 양을 조금씩 늘려가라. 이렇게 아이 스스로 책을 읽는 습관을 기를 수 있다.

Q : 아들은 게임과 유튜브에만 관심이 있어요. 다른 분야에는 흥미를 보이지 않습니다. 어떻게 해야 아이가 책을 읽게 할 수 있을까요?

A : 우선 화면 사용 시간을 제한해야 한다. 주말에만 하거나 하루 한 시간만 하거나 가족에게 맞는 합리적인 규칙을 찾아라. 그런 다음 취침 시간에 책을 읽는 일상을 세워야 한다. 이렇게 읽기가 서서히 뿌리를 내려 일상으로 자리 잡는 환경을 만들어가면 된다.

Q : 딸아이가 더는 책에 관심을 보이지 않습니다. 오직 친구들과 메시지를 주고받는 일에만 열정을 보입니다. 다른 일에는 거의 흥미를 보이지 않아요. 어떻게 해야 책에 관심을 가지게 될까요?
A : 온갖 종류의 읽을거리를 시도해봐라. 예를 들면 아이가 잡지에 흥미를 보일지도 모른다. 모든 읽기는 좋다! 밤에 아이 방에 전화기를 두지 않게 하고 다양한 읽을거리를 선택할 수 있게 해라. 그중 뭔가 한 가지는 아이 마음에 들 것이다.

발달 단계

8~11세의 발달 단계에서 나타나는 주요 특징.

읽기

- 즐거움을 위해 스스로 복잡한 이야기를 읽기 시작하고 플롯을 더 오래 기억할 수 있다.
- 유명인, 모험, 미스터리에 관한 이야기를 좋아한다.
- 현실의 이야기와 허구의 이야기를 모두 좋아하고 각 이야기의 문체를 구별할 수 있다.

- 더 유창하게 소리 내어 읽을 수 있게 되고 때로는 억양과 강조를 넣어 읽기도 한다.
- 스스로 매력적이고 세밀한 이야기를 만든다.
- 어린 동생에게 소리 내어 읽어주는 책임을 즐긴다.

사회적, 감정적 기술

- 다른 집은 우리 집과 같거나 다를 수 있다는 것을 알고 자기 가족의 무대에서 안정감과 편안함을 느낀다. 그러나 가족 규칙에 도전하기 시작하기도 한다.
- 또래 압력과 소속의 필요성이 행동에 큰 영향을 미치기도 한다.
- 매우 극적인 반응과 놀이를 표현할 수 있다.
- 옷, 장난감, 책, 집단을 향한 충성심 같은 액세서리로 자신의 개성을 표현하고 정체성을 개발하기 시작한다.
- 감정이입 능력을 개발한다.

사고 기술

- 환상과 현실을 구별할 수 있지만, 환상과 현실 사이에 양다리를 걸치기도 한다.
- 복잡한 지시 사항을 따를 수 있고 미래의 결과를 예측할 수 있다.
- 가설적인 상황을 이해하기 시작한다.

참고 사항 아이마다 발달 속도가 무척 다르고 연령대별로 습득하는 기술도 다르다. 주로 아이의 환경에 따라 달라진다. 그러나 어떤 기술을 몇 살에 습득하든지 단순한 기술을 바탕으로 더 복잡한 기술을 쌓아가는 연속 과정이다. 예를 들면 근육 발달을 지지하는 대근육 운동 기술이 발달해야 미세한 운동 기술을 사용하는 글쓰기를 배울 수 있다. 무엇보다 어떤 아이도 완전히 똑같을 수는 없다는 사실을 잊지 마라!

5장

계속 읽기

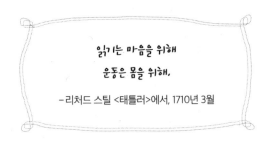

대체로 십 대 청소년기는 도전적으로 보인다. 중학교에 들어가 불안을 느끼는 아이부터 이제 막 GCSE 시험(영국의 중등교육자격시험)을 마친 16세까지 변화의 폭이 매우 크다. 이 시기 아이는 겉으로만 보면 부모에게 의존하는 모습이 점점 줄어든다. 결국 성장한다는 것은 엄마의 치마폭에서 벗어나 밖으로 나가는 게 아니겠는가.

이 시기에는 부모와 자녀 사이의 관계도 크게 변한다. 그러나 청소년들은 스스로 다 컸다고 생각할지 몰라도 사실은 여전히 부모의 안내와 지도가 필요하다. 다만 듣고 싶지 않을 뿐이다. 청소년기는 반항적이고 무례해 보일 수 있다. 거짓말을 할 수도 있고 부모의 중요성을 전혀 신경 쓰지 않는 것처럼 보일 수 있으며, 부모도 아이의 삶에서 완전히 차단되었다고 느낄 수 있다. 오랫동안 아이의 세상에서 중심을 차지했던 부모로서는 받아들이기 힘든 현실이다. 부모에게 이 시기는 무척 힘들고 스트레스 가득하며 마음 아픈 시간이 될 수 있다.

아이에게도 이 전환기는 내면의 갈등으로 그만큼 힘들고 어려운 시간이 될 수 있다. 이 사실을 알면 부모도 아이가 처한 상황을 조금 더 이해할 수 있을 것이다. 아이는 독립을 위해 더 밀어붙여야 한다는 강박을 느끼면서 동시에 독립을 두려워할 수 있다. 아이가 원하는 것은 자유이지 책임은 아닌 것이다. 수많은 신체적 변화를 겪고 남의 시선을 많이 의식하게 되며 종종 오해를 받는다고 느끼고 감정 변화의 폭도 매우 크다. 또래 집단에 적응하고 싶으면서 동시에 자신만의 개성을 찾아야 한다. 또 학교 공부와 시험이 주는 압박감도 상당하고 미래를 위한 중대한 결정도 내려야 한다. 거기에 부모의 기대와 불안감까지 아이를 짓누를 수 있다. 겉으로는 그렇게 보이지 않아도 이 시기 아이는 부모와 부모의 지지 그리고 조건 없는 사랑이 정말로 필요하다.

전문가의 견해

폭풍이 도사린 이 시기를 무사히 헤쳐나갈 핵심 비결은 의사소통이다. 함께하는 활동이 있을 때 의사소통이 훨씬 쉬워지므로 부모와 자녀가 함께 즐길 수 있는 일에 몰두할 시간을 마련하는 게 중요하다.

– 아만다 거머 박사

안 그래도 정신없는 소용돌이 한가운데서 어떻게 책 읽을 여유를 찾을 수 있겠느냐고 반문할지도 모르겠다. 할 수 있다. 책읽기는 부모와 자녀 모두 어려운 이 시기를 무사히 헤쳐나가는 데 적극적인 도움이 될 수 있다. 책읽기는 함께했던 예전의 삶과 어려워진 지금의 삶 사이를 연결하는 다리 역할을 할 수 있다. 함께 나누는 이야기를 통해 서로 결합을 느낄 때마다 아이는 지난 시절 부모가 쏟아준 집중적인 관심과 편안한 기억을 떠올릴 것이다. 청소년기 책읽기는 이렇게 감정적으로 도움을 줄 뿐만 아니라 실천적으로도 많은 것을 줄 수 있다.

마야가 아주 어렸을 때부터 시작해 열네 살까지 책을 읽어주었다.
마야는 자신에게 집중적으로 쏟아지는 관심을 좋아했다.
책을 읽어줄 때면 남동생과 부모의 관심을 나눠 가지지 않아도 되니까.
그렇게 책을 읽고 나면 별 무리 없이 잘 잤다. 그런데 학교 공부가 점점
많아지고 개인적으로 취미 생활도 하게 되면서 나와 함께 책 읽는 시간이
점점 줄었다. 15, 16세가 되어서는 매주 잡지를 읽기는 했지만 혼자서
책을 읽는 모습이 눈에 띄게 줄었다. 친구들의 영향력이 점점 커졌다.
또 영화를 훨씬 더 좋아하게 되었다. 학교 공부 때문에 읽어야 할 책이
늘어나면서 즐거움을 위한 책읽기는 뒷전으로 밀려나고 말았다.
지금 19세가 된 아이는 예전보다 책을 더 많이 읽는다. 나와 아내가
책을 주면 함께 돌려 읽고 책에 대한 대화를 나누기도 한다.

－스티브(마야의 아빠)

그렇다면 십 대 청소년기에 책을 읽으면 어떤 이로움이 있을까? 간단하게 대답하자면 '여러 모로' 이롭다. 한 과목과 관련해 광범위하게 책을 읽으면 당연히 성적이 좋아질 것이다. 그러나 단순한 성적 향상을 뛰어넘어 책읽기는 긴장을 풀어주고 압박감과 지루함으로부터 벗어날 기회를 준다. 또 아직 어려서 현실에서는 경험할 수 없는 것들을 상상 속에서 탐험해보고 대신 살아볼 기회를 주기도 한다.

또 고민이 가득한 청소년기에 책을 통해 안락감을 느낄 수도 있다. 다른 청소년의 경험을 책으로 읽으면 혼자만 힘든 게 아니라는 사실을 깨달을 수 있고 다른 사람들의 비슷한 생각을 알게 되며 부모에게 털어놓기 거북한 고민에 대한 조언과 길잡이를 구할 수도 있다.

전문가의 견해

부모와 자녀가 함께 책을 읽으면 어떤 문제를 논의할 기회가 생기며 이야기 속 허구가 실제 문제와 거리감을 줄 수 있다. 등장인물이 느끼고 행동하는 것을 논의하면 해당 문제를 지나치게 개인적으로 받아들이지 않아도 되고 이후에도 큰 도움이 되는 통찰력과 감정 지능을 개발할 수 있다.

-아만다 거머 박사

유독 힘든 청소년기에 책을 읽고 또 부모와 자녀가 함께 읽으면 편안함과 안도감을 느낄 수 있다. 부모와 자녀 사이에 유대감을 유지할 수 있고 고민이 생겼을 때 아이가 부모를 찾아와 상의할 가능성도 커진다. 이야기를 공유할수록 대화를 나눌 중립 지대가 생긴다. 부모와 자녀 모두 갈등도 잔소리도 없이 일상에서 잠시 벗어나 책에 관한 대화를 나눌 피난처가 생긴다.

책 읽는 습관

청소년기에는 책 읽을 시간도 책을 향한 관심도 줄어들기 쉽다. 또래의 압력, 집단에 적응해야 한다는 불안감, 다른 사람이 자신을 어떻게 생각하는지 걱정하는 마음 등이 모두 원인으로 작용할 수 있다. 안타깝게도 많은 청소년들이 책읽기를 그리 멋진 일이라고 생각하지 않는다.

또 청소년기에 첨단 기기나 분주한 생활, 학교 공부, 다양한 사교 활동으로 보내는 시간이 늘어나면서 책을 읽는 시간이 줄어들 수 있다. 이미 시간표가 다른 일로 가득 차 있어서 가만히 앉아 책을 읽을 시간 자체가 없어 보인다.

이 시기 가장 큰 어려움은 아이와의 의사소통 창구를 열어놓는 것이다. 아이가 커갈수록 함께 있는 시간 자체가 줄어든다. 청소년기에는 신체적으로나 감정적으로 자신을 차단하는 경향이 있다. 방문을 닫고 대화를 거의 하지 않는다. 친구들이 점점 더 중요해지고 이

성교제까지 등장하면서 자녀의 관심이 온통 다른 곳으로 쏠릴 수 있다. 이때 자녀와 함께 책 읽는 시간을 마련해 여진히 아이와 소중한 시간을 보낼 수 있다. 또 함께 대화를 나누고 의견을 공유하면서 아이를 여전히 사랑하고 있음을 보여주고 진정한 친밀감을 형성할 수 있다. 읽기는 가장 깊은 수준으로 결합하고 편안함과 기쁨을 안겨주는 힘이 있다. 이게 앞서 말한 '관계의 접착제'이다.

자녀가 청소년기에 도달하면 지금까지의 양육법을 조정할 필요가 있듯이 읽기를 향한 사랑을 권하는 방법 역시 조정해야 한다. 점점 성숙해지는 아이의 모습을 인정하고 다양한 전략을 채택해야 한다.

12세에 좋았던 것이 16세에는 통하지 않을 수 있다. 아이들은 발달 속도가 저마다 다르고 성격도 다르다. 당신의 열여섯 살 딸은 집에 있는 걸 좋아하는 성격일 수도 있고, '집을 호텔처럼 생각하는' 남자친구를 사귀는 굉장히 외향적인 성격의 소유자일 수도 있다.

전문가의 견해

청소년기에도 다른 시기만큼이나 계속해서 책을 읽는 게 중요하다. 부모나 양육자는 아이가 어떤 분야를 배우고 받아들이는지 민감하게 살펴야 한다. 그래야 아이와 대화를 나누고 책읽기를 즐길 수 있다. 아이가 책읽기를 적극적으로 요구하는 것처럼 보이지 않아도 그렇게 해야 한다.

－데이비드 리디

아이의 책읽기 습관을 더욱 격려하거나 강화하고자 하면, 혹은 꺼져가는 흥미를 다시 지피기를 원한다면 지금 자녀에게 가장 적합한 방법을 찾아내야 한다. 뒤로 물러나지 마라. 아이와 사이에 책으로 다리를 놓아라. 책에 관해 대화를 나누고 이야기를 함께 읽고 같이 글을 써보자.

가장 좋은 것은 미리 책 읽는 습관의 기초를 다지고 청소년기에 진입하는 것이다. 그러면 접근법만 살짝 바꿔가며 청소년기의 온갖 변화에 대응해나갈 수 있을 것이다. 그러나 아직 습관이 뿌리를 내리지 않아 처음부터 다시 시작해야 한다고 해도 너무 걱정하지는 마라. 여전히 할 수 있다.

지금까지 청소년기의 온갖 어려움에 대해 이야기했지만, 그럼에도 여전히 책을 무척 좋아하는 청소년들이 많다. 런던의 학교 두 곳에서 12~16세 학생들에게 책 읽는 습관에 대해 물어보았다.

여학생

엄마는 책을 무척 좋아하고 나와 동생에게도 매일 적어도 30분은 책을 읽으라고 하신다.
- 팻마(12세)

영화를 보고 그 영화의 원본 책을 읽으면서부터 책을 읽는 습관이 생겼다. 《동그라미와 가위》 시리즈를 읽고 있다.
- 베스(13세)

정말로 재미있는 책을 읽게 되었는데 그때부터 규칙적으로 더 다양한 책들을 읽기 시작했다.
- 재스민(14세)

언제 어디서나 책을 읽는 게 좋다. 책에 푹 빠지게 되면서부터 어느새 책 읽는 습관이 생겼다. 내 방에는 책이 백 권 정도 있다. 부모님은 지금도 가끔 책을 읽어 주신다. 우리 집에는 자기 방에 휴대전화를 가져가면 안 된다는 규칙이 있다. 요즘은 《맹세코 살고 싶어요》를 읽고 있다.

- 앨리스(13세)

부모님은 잠들기 전 30분 동안 책을 읽으라고 하신다. 정말 좋은 책은 몇 초도 안 되어 푹 빠져든다. 우리 집에 허락되는 화면 사용 시간은 하루 한 시간이다. 요즘은 체러브 시리즈의 《검은 금요일》을 읽고 있다.

- 메이지(13세)

가끔 책을 그만 읽고 숙제하라는 말을 듣기도 한다. 기억나는 아주 오래전부터 책 읽는 게 좋았다. 휴가를 가면 가족끼리 책 한 권을 함께 읽기도 하고 가끔 아빠가 이야기를 지어서 들려주기도 한다. 아빠는 새 책을 사 들고 오기도 한다. 지금은 마이클 그랜트의 《헝거》를 읽고 있다.

- 셰릴(13세)

재미있어 보이는 책을 읽는다. 한번 빠지면 그 생각을 멈출 수가 없다. 그래서 후속 편을 보거나 비슷한 책을 골라 읽는다.   - 켈리(14세)

'원 디렉션'(영국의 팝 보이밴드)에 관한 짧은 팬 픽션(팬들이 좋아하는 영화나 연예인에 관해 지은 이야기)을 읽으면서 책을 읽기 시작했다. 그러다가 점점 다른 책들도 읽어나가고 있다.

- 버리반(14세)

어렸을 때 부모님이 도서관에 데려갔는데 그때부터 읽기 습관이 생겼다.

- 케이줄(14세)

책을 읽는 게 정말로 좋아서 어디서나 뭐든 읽는다. 책을 읽고 싶어서 숙제를 최대한 빨리 끝내기도 한다. 어렸을 때는 엄마가 책을 읽어주고 또 나더러 읽어달라고 하기도 했는데, 그때부터 책을 읽는 습관이 생겼다. 평일 저녁을 먹을 때 잠깐 TV를 보는 것 외에는 화면 사용 시간이 따로 없다. 아빠는 신문을 읽어주신다. 가끔은 책도 읽어주신다. 특히 크리스마스가 다가올 때면 특별 선물 삼아 책을 읽어주시고 가끔은 내가 먼저 읽어달라 부탁하기도 한다.

– 섀넌(13세)

남학생

책 읽는 시간을 따로 내지는 않는다. 그냥 할 일이 없을 때 읽는다. 심심할 때 책을 집어 드는데 재미있으면 끝까지 읽는다. 요즘은 《브리 태너》를 읽고 있다.

– 샘(12세)

좋아하는 작가의 책을 주로 읽고 내가 좋아하는 게임을 주제로 한 책도 좋아한다.

– 냇(14세)

휴식이 필요할 때면 늘 전자 기기 대신 책을 읽는 게 습관이 되었다. 지금은 화면 사용 시간이 일주일에 세 시간이다. 《영 본드》를 읽고 있다.

– 올리버(12세)

새로운 정보를 알려주는 책을 읽다가 책 읽는 습관이 생겼다. 《앵무새 죽이기》《생쥐와 인간》 같은 흥미로운 책을 읽다가 책이 좋아지기도 했다. 요즘은 《스컬머거리 플레즌트》를 좋아한다.

– 지나딘(15세)

오후와 저녁이면 내 방에서 책을 읽는다. 전자 기기는 주말에만 사용할 수 있다.

– 카이(14세)

읽는 게 좋다. 읽기에 습관이 생긴 것 같다. 인터넷도 TV도 없는 곳에서 휴가를 보내고 온 다음부터다. 책으면 상상력이 마구 솟아난다. 지금은 《위대한 개츠비》를 읽고 있다.

– 조우(13세)

즐거움을 위해 책을 읽는 것보다는 밖에 나가 노는 게 좋다. 책은 심심할 때만 읽는다. 또 아빠가 사무실에서 들고 온 신문을 읽고, 무엇을 읽는 게 좋을지 아빠에게 물어보거나 인기 있는 책을 찾아서 읽는다.

– 오시(13세)

책을 별로 좋아하지 않는다. 주로 축구나 게임에 관한 잡지나 신문을 읽는다.

– 토비(12세)

화면 사용 시간을 제한해라

아이가 책 읽는 시간을 마련할 수 있게 도와줘야 한다. 안 그래도 분주하고 손 닿는 곳에 온갖 전자 기기가 널려 있고 일정이 빽빽한 생활 속에서 아이가 집에서 조용히 책 읽는 시간을 마련하는 균형이 중요하다. 그러려면 화면 사용 시간부터 제한해야 한다. 청소년기에 이르러도 자기 규제가 어려우므로 화면 사용 시간을 자율에 맡기는 것은 좋지 않다. 부모가 규칙을 정하고 지켜나가야 한다. 물론 쉽지는 않을 것이다! 어느 순간 십 대 청소년은 부모가 시키는 것과 정반대로 행동하는 경향이 있다. 그만큼 부모의 입장을 고수하는 게 어려워진다. 이때마다 "무엇이 아이에게 궁극적으로 이로울 것인가?" 하고 자문해보면 답이 나올 것이다. 아이가 화면을 사용하지 않고 다른 일 하기를 바란다면 부모부터 행동에 나서야 한다.

전문가의 견해

일관성이 정말로 중요하다. 아이가 자기 규제를 배울 수 있게 도와주는 게 우리 목표인 만큼 일정한 규칙을 따르면 자유와 선택의 여지가 늘어난다는 사실을 설명하고 신뢰를 쌓아가라. 대체로 갈등이 줄어들면 책을 읽을 가능성이 그만큼 커지고 스트레스도 줄어들 것이며, 아이도 일부러 부모의 말을 거스르는 반항적인 모습을 보이지 않게 된다.

–아만다 거머 박사

물론 모든 화면을 금지하라는 말은 아니다. 첨단 기술은 우리에게 수많은 기회와 이로움을 안겨준다.

그러나 화면 사용 시간은 제한해야 한다. 예를 들어 우리 집에는 월요일부터 목요일까지는 게임을 할 수 없고 금요일과 주말에는 시간 제한을 두고 화면을 사용하는 규칙이 있다. 이때도 게임은 숙제를 모두 마쳐야만 할 수 있다.

조사 기관에 의하면 청소년기 가장 좋아하는 기기는 휴대전화인 것으로 드러났다. 오프콤의 보고서를 보면 12~15세 청소년이 보낸 문자메시지는 2009년 일주일 평균 104통에서 2013년 255통으로 증가했음을 알 수 있다. 성장세가 둔화할 기미는 보이지 않는다.

아이 방에는 어떠한 스마트 기기도 두지 않는 게 이상적이다. 아이가 어릴 때 시작할수록 지키기 쉽다. 오랫동안 아이 방에 TV를 두었다가 청소년기가 되어 새 출발을 하겠다고 TV를 없애려고 한다면 쉽지 않을 것이다. 그렇다고 불가능하다는 말은 아니다. 청소년기 일찍부터 가족의 규칙을 정해두면 아이도 쉽게 받아들이고 따를 수 있다. 만약 그렇지 않으면? 13세 여학생이 밤마다 잠이 안 오면 침대에 누운 채 닌텐도 DS를 한다고 생각해보자. 이런 상황이라면 책을 읽을 기회조차 없어질 것이다.

 **융통성을 발휘해라**

시간이 흐름에 따라 양육법은 바뀌어야 한다. 청소년기 자녀에게는 엄격하면서도 융통성 있는 방법이 필요하다. 대부분 청소년들은 이 시기 전화기가 몸에 딱 달라붙어버린 것처럼 보이기도 한다. 전화기는 친구들과 연락을 이어나가는 방법이다. 또 제 방에서 보내는 시간이 많아지는 만큼 자기 방에서 전화기 사용을 금지하기가 더 어려워진다. 이렇게 아이들은 부모가 원하지 않을 때에도 문자메시지를 주고받고 SNS를 한다. 아이 손에 전화기가 있는데 책읽기를 기대하거나 바라는 게 현실적이겠는가? 좋은 타협안은 취침 시간이다. 취침 시간이 책 읽는 시간으로 자리 잡으면 전화기는 침실 밖으로 나와 아침까지 충전기에 꽂혀 있어야 한다. 이와 같은 규칙은 가족이 모두 지키는 게 좋다. 나와 남편도 침실에서 전화기를 쓰지 않기로 했기 때문에 아들 루이스도 이 규칙을 더 쉽게 받아들일 수 있었다. 이렇게 가족마다 다르므로 자기 가족에게 맞는 규칙을 찾아내야 한다.

딸아이가 책을 읽지 않으려고 한다. 오랫동안 책을 읽어주었고 집에도 늘 책이 준비되어 있다. 그런데 아이는 전화기나 노트북만 사용하려고 한다. 제 방에서 TV를 보고 문자메시지를 주고받는다. 어떻게 해야 열다섯 살 딸에게 전화기를 압수할 수 있을지 모르겠다.

 ─스칼렛(15세)의 엄마

📖 습관을 장려해라

청소년 자녀에게 책을 더 읽으라고 압력을 넣거나 잔소리를 하지 마라. 역효과만 낳는다. 청소년기에는 대체로 책읽기에 관심이 없어지는 단계를 거친다. 책의 중요성을 인식하고 있는 어른들은 책을 매일 읽어야 한다고 생각하기 때문에 부모로서 당연히 걱정이 될 것이다. 그러나 밀물이 있으면 썰물이 있기 마련이라고 느긋하게 생각해라. 너무 걱정하지 마라. 더 멀리 내다봐라. 책 읽는 습관을 들이는 것은 단거리 경주가 아니라 마라톤이다!

학교생활에 바쁘고 독립적인 사교 활동도 늘어나는 이 시기에는 취침 시간이 가장 합당하고 이로운 책 읽는 시간이 될 것이다. 취침 시간에 책을 읽으면 긴장이 풀리고 마음이 편안해진다고 설명해줘라. 또 학교에 갈 때나 집으로 돌아올 때, 주말, 방과 후 숙제를 모두 마쳤을 때, 방학 기간에도 책을 읽을 수 있다.

청소년 자녀와 책읽기의 중요성에 관해 대화를 나눌 때는 멀리 내다봐야 한다. 독서가 학업의 성공과 이후 경력의 성공에 큰 도움이 되고 삶의 다른 경험을 열어주며 전반적으로 삶에 많은 이로움을 안겨준다고 말해줄 수 있을 것이다. 아이는 부모와 동등한 지위에서 이런 대화를 나눌 수 있다는 자체를 뿌듯하게 생각할 것이다.

아이가 하루의 긴장을 푸는 기회로서 책읽기를 별로 매력적으로 느끼지 않는다면 보다 즉각적이고 구체적인 목적에 호소할 수도 있다. 예를 들어 책을 읽으면 대중음악이나 동물, 만화, 자연, 요리,

천문학 등 관심 분야의 전문가가 될 수 있다. 또 다른 청소년의 삶과 고민을 담은 책을 읽으면 타인의 경험을 통해 자신의 문제를 해결하는 데 도움을 받을 수도 있다.

● 전문가의 견해 ●

청소년 자녀의 서로 다른 생활적인 면들을 책을 통해 연결하는 것역시 중요하다. 영화나 텔레비전, 음악 등 대중문화도 즐거움을 위한 책읽기의 원천이 될 수 있다. 유명한 영화가 소설을 원작으로할 수도 있고 영화 내용이 책으로 출판될 수도 있으며 영화나 소설에 대한 웹사이트나 게임, 앱이 개발될 수도 있다. 또 청소년들은유명 음악인들이 발표하는 전기나 에세이를 많이 읽는다. 요즘 아이들이 좋아하는 영화의 원작은《헝거 게임》이고 보이밴드 '원 디렉션'을 다룬 책은 엄청난 판매량을 기록했다.

－데이비드 리디

 ## 어떠한 읽기도 '평범한' 일로 여겨라

책을 읽을 때 그것을 대단한 일로 여겨서는 안 된다. 부모가 뭔가를 간절히 바라고 요구할수록 청소년 자녀는 거꾸로 하면서 독립을주장하는 경향이 있다. 그러니 책읽기도 완전히 '평범한' 일로 취급해라. 실제로 평범하고 보통의 일이 되는 게 책읽기의 목표다. 즐거움을 위한 책읽기는 자연스러워야 한다. 책을 읽고 그 경험을 즐기는 것 자체가 보상이 되어야 한다.

여전히 규칙적인 읽기 시간이 이상적이다

청소년 자녀가 매일 책을 읽거나 일주일에 몇 차례 읽거나 주말마다 읽을 수도 있지만, 여전히 규칙적인 습관으로 자리 잡는 게 목표다. 규칙이 이상이다. 규칙적이 되다가 습관이 뿌리를 내리기 마련이다. 아이가 평일에는 매우 바쁘고 취침 시간에 책읽기를 별로 좋아하지 않더라도, 주말마다 규칙적으로 책을 읽고 그 시간을 기대한다면 매우 긍정적이다.

앞서 말했듯이 책 읽는 습관은 시간이 흘러야 생긴다. 억지로 강요하지 마라. 가능한 방식으로 책을 읽을 수 있게 격려해라. 그리고 언제나 부모가 먼저 좋은 본보기가 되어라. 그래야 비록 청소년 자녀가 코웃음을 치더라도 실제로 아이에게 긍정적인 역할 모델이 될 수 있다.

책 읽는 법

그동안 조사를 통해 많은 부모가 청소년 자녀에게 책읽기를 권장하는 과정에서 자신이 적극적인 역할을 해야 한다거나 할 수 있다고 생각하지 않는다는 사실을 발견했다. 어떤 부모는 자신에게 변화를 일으킬 능력이 없다고 생각하고 또 어떤 부모는 격려나 참여가 필요하지 않다고 생각한다.

그러나 부모는 반드시 변화를 일으킬 수 있고 또 일으켜야 한다! 청소년 자녀의 책읽기에 관해 부모는 아주 가깝고 실천적인 것(예를 들면 '나란히 읽기')부터 내용을 공유하고 대화를 나누는 관계에 이르기까지 다양한 수준으로 참여할 수 있다. 아이가 자랄수록 책읽기에 관해 상호적인 관계로 자연스럽게 옮겨갈 수 있다. 아이의 읽기 교재가 점점 어렵고 복잡해질수록 부모도 함께 읽고, 서로 책을 추천하고, 읽은 내용을 토론할 수 있다.

● 아이는 자신만의 타당한 견해를 지닌 성숙한 개인으로 보이고 싶어 한다. 이러한 아이의 마음에 민감하게 반응해라. 아이가 고른 책을 비판하거나 무시하지 마라. 아이의 견해에 귀를 기울이고 편안하면서도 다정하게 대화를 나누어라. 책이나 잡지에 관한 대화를 나누면서 자연스럽게 여러 분야로 화제가 옮겨갈 수 있는데, 이것이 앞서 말한 관계의 접착제다. 또 자연스럽게 친밀감이 형성되면 아이는 부모에게 고민을 털어놓을 수 있다고 생각할 것이고 그만큼 앞으로 맞이하게 될 수많은 도전을 헤쳐나가는 데 도움이 될 것이다.

그동안 읽은 책 대부분이 학교 수업 교재였던 사람들은 책읽기를 별로 안 좋아한다. 책읽기가 숙제이고 공부이기 때문에 당연히 지루하게만 느껴질 것이다. 그러므로 부모가 몇 가지 방법을 동원해 계속 도와주어야 한다.

● 아이가 수업 교재 읽기를 어려워한다면 나란히 읽기를 제안하고 그 시간을 재미있게 즐길 수 있게 해줘라. 나란히 읽기는 십 대 초반 아이들에게 가장 효과가 좋다. 나란히 읽기가 싫다면 부모가 따로 그 책을 읽고 대화를 시작할 수도 있다. 그러나 아이의 공부를 감독하고 있다는 인상을 심어주지 않도록 조심해야 한다. 부모 스스로 책에 흥미를 느껴서 읽은 것처럼 보여야 한다. "이 책을 읽어본 지 정말 오래되었는데, 다시 읽고 싶구나."라고 하거나 "한 번도 못 읽어봤는데 예전부터 늘 읽고 싶었던 책이야."라고 말할 수 있을 것이다.

부모의 관심을 환영하는 아이도 있을 것이고 몹시 싫어하는 아이도 있을 것이다. 다시 말하지만 자기 아이는 부모가 제일 잘 알기 때문에 이 전략이 적당할지 아닐지도 부모가 결정해야 한다. 일단 아이가 공부하는 책을 부모가 알고 있으면 숙제를 도와줄 수 있는 장점이 있다. 어느 14세 아들이 아서 코난 도일의 《바스커빌 가문의 개》를 읽어야 한다며 몹시 괴로워했다. "쓰레기 같아요. 너무 지루해요." 그러나 엄마가 TV 시리즈 '셜록'을 DVD로 보여주자 아이는 이 이야기에 훨씬 더 관심을 보였다.

● 십 대 자녀와 서로 책을 추천하고 바꿔서 읽어라. 아이가 추천한
책은 반드시 읽어라! 공유할 기회를 적극적으로 잡아라. 가정에 재
미를 나눌 수 있는 동료 독자가 있다는 사실을 즐겨라. 읽은 책에
대해 즐겁게 대화를 나눠라.

어느 아들은 왕성하고 열정적으로 책을 읽다가 열네 살이 되자
갑자기 책읽기를 중단했다. 책에 대한 관심을 완전히 끄고 컴퓨터
게임을 시작했다. 부모와의 관계도 몹시 나빠졌다. 엄마와 아빠는
어떤 노력을 기울여도 이 문제를 긍정적으로 해결할 수 없었고 대
화는 늘 갈등으로 끝났다. 부부는 좌절했다. 그런데 아들이 열일곱
살이 되자 갑자기 책 읽는 습관이 돌아왔고, 엄마에게 책들을 적극
적으로 추천하기 시작했다. 엄마도 아이의 추천을 받아들였다. 아
들은 게임을 완전히 중단하지는 않았지만 균형을 되찾았고, 책에
대해 부모와 긍정적이고 창조적인 대화를 나누게 되었으며 관계가
좋아졌다.

● 가능하면 아이와 함께 책 관련 행사에 참가해라. 함께 즐거움을 공유할 수 있고 무엇을 읽을 것인가에 관한 영감을 얻을 수도 있으며 책읽기를 좋아하는 다른 청소년들의 모습을 볼 수도 있다.

함께 쇼핑하러 갈 때마다 서점에 들르고 그때마다 새 책을 사줄 수도 있다. 아이에게 독립적인 선택의 기회를 줘라. 아이가 직접 책장을 둘러보고 원하는 것을 찾을 수 있게 해라. 요즘 많은 서점에 카페가 있으므로 함께 차를 마시며 전체적인 경험을 즐겁게 가꾸는 것도 좋다. 또 영화로 만들어진 책을 함께 읽고 영화도 같이 볼 수 있다.

● 부모 스스로 책읽기를 즐기는 모습을 보여줘라. 읽기를 공유할 다양한 방법들을 생각해보자. 열네 살과 열두 살 두 아들의 엄마는 주말마다 엄마 양쪽에 두 아들이 누워 각자 책을 읽는 일상을 마련했다. 가족만의 특별한 시간이 되었고 엄마 스스로 즐겁게 책을 읽으며 자유 시간을 보내는 모습을 본보기로 보여주고 있다.

열네 살 로즈는 토요일 오후마다 89세 할머니 댁을 찾아간다. 로즈는 할머니와 차를 마시며 이야기를 나누고 그때마다 할머니가 소리 내어 책을 읽어준다. 로즈는 들으면서 그림을 그리거나 뜨개질을 한다. 그러나 대부분은 할머니의 담요를 덮고 책 읽어주는 소리에 귀를 기울인다. 할머니는 《기찻길의 아이들》 같은 고전을 읽어준다. 로즈는 이 시간을 무척 좋아하고 매주 할머니와의 만남을 고 대한다.

● 몇 년간 나란히 읽기 습관을 세웠다면 청소년기까지 계속 그 습관을 유지할 기회가 생긴 셈이다. 그 기회를 잡아라! 나란히 읽는 습관은 오래 지속할수록 좋다.

시간이 흐를수록 책 읽는 습관과 책읽기를 향한 사랑을 굳건히 지켜나가게 될 것이다. 청소년 자녀에게 책을 읽어주고 있다면 역시 계속해라. 책 두 권을 골라 한 권은 스스로 읽고 나머지 한 권은 부모와 나란히 읽는 청소년들이 있다. 내가 아는 어떤 여학생은 스스로 읽는 것도 좋아하지만, 부모가 읽어주는 것도 즐거워한다.

> 열세 살 딸은 소피 킨셀라의 《쇼퍼 홀릭》처럼 십 대 아이들이 좋아하는
> 책을 읽는다. 혼자서는 읽지 않을 책들은 가족이 함께 읽는다.
> 우리 가족은 《리틀 그레이 맨》을 좋아한다. 재스민도 켈리도 나도 무척
> 좋아한다. 심지어 남편도 책 읽는 시간에 집에 있으면 내가 읽어주는
> 소리에 귀를 기울인다.
>
> −재스민(13세)과 켈리(8세)의 엄마

이렇게 부모의 시간을 내주면서 아이를 소중히 여기고 사랑한다는 사실을 분명하게 보여줄 수 있다. 아이들은 눈앞의 도전을 헤쳐 나가기 위해서라도 부모가 자신을 소중히 여기고 사랑한다는 것을 알아야 한다.

안타깝게도 아이들이 성숙해질수록 물리적인 접촉이 어려워진다. 책읽기는 편안하고 쉽고 자연스럽게 물리적인 친밀감의 기회를 안겨준다. 아이와 함께할 시간을 마련하고 청소년 자녀에게 관심을 쏟으며 함께 나란히 읽기를 즐기는 동안 앞서 말한 '관계의 접착제'가 강력한 힘을 발휘한다.

● 아이들이 자라면서 상황은 점점 변해가고 함께 책을 읽는 시간은 점점 줄어들 것이다. 청소년 자녀는 결국 함께 책읽기를 원하지 않게 되겠지만 십 대 초반까지는 계속 읽어나갈 수 있어야 한다. 함께 책을 읽어온 가족들의 말을 들어보면 함께 책읽기는 잠자리에 들기 전 양치질을 하는 것처럼 대수롭지 않은 평범한 일이었다고 한다. 그리고 십 대도 다른 연령대만큼이나 부모가 책 읽어주는 것을

좋아한다! 아이가 얼마나 오래도록 책 읽어주기를 좋아하는지 알면 아마 놀랄 것이다.

지난 장에서 책을 읽어주는 것은 어린아이에게만 하는 활동이고 아이 혼자서 책을 읽는 게 마치 성숙도를 측정하는 기준인 것처럼 생각하는 분위기가 만연하다는 말을 했었다. 부모가 여태 책을 읽어준다는 사실을 친구들에게 말하지는 않겠지만, 그래도 괜찮다. 가족만의 사적인 일이 될 수 있다.

● 아이가 크면서 신체적으로 부모를 더욱 의식하게 되면 책 읽을 때 자세를 바꿔볼 수 있다. 예를 들어 과거에 아이는 부모 옆에 바짝 붙어 앉거나 누워 책 읽어주는 소리를 듣는 것을 좋아했을 것이다. 그러나 어느 시점이 되면 그런 친밀감을 거북하게 느낄 수도 있다. 십 대 자녀가 어떻게 느끼는지 민감하게 살펴라. 취침 시간에 여전히 책을 읽을 수는 있지만, 침대에 앉아서 읽거나 방에 의자를 하나 가져와 거기 앉아 읽어줘라. 아이와 부모에게 가장 잘 맞는 효과적인 방법을 찾아내라.

내가 아는 어떤 엄마는 열다섯 살 아들과 매일 저녁 소파에 앉아 책을 읽는다. 아들이 엄마 다리 위에 제 다리를 올려놓고 엄마는 소리 내어 책을 읽어준다. 그런 다음 아들이 소리 내어 책을 읽어준다. 이 정도 신체적인 접촉은 두 사람에게 편안하다. 이 엄마는 또 아들이 책 읽어주는 것을 무척 좋아한다. 주말마다 나란히 읽기를 하는 방법도 있을 것이다. 매일 저녁 취침 시간에 열다섯 살 아들에게 책을 읽어주는 게 어색하다면 일요일 오후에 차와 케이크를 준비하고 소파에 앉아 나란히 책을 읽는 정도는 편안하게 받아들일 수 있을 것이다.

더 이상 나란히 읽기를 하지 않는다면 아이에게 다시 시작하고 싶으냐고 물어볼 수 있다. 아이가 좋다고 하면 해라. 뭐든 강요하지는 마라. 책읽기가 의무나 책임이 되어서는 안 된다. 매일 밤 할 필요는 없고 주말마다 휴일마다 혹은 간혹 어쩌다가 할 수 있을 것이다.

> 나 역시 아이들에게 책을 읽어주는 시간은 언제나 하루의 하이라이트였다.
> 일주일에 적어도 세 번은 읽어주었다. 아들이 열두 살이 될 때까지
> 읽어주었는데, 그때도 아들이 먼저 이제 그만할 때가 된 거 아니냐고
> 물어보았다. 그러면 한 권만 더 읽어주기로 동의하고 책장에서
> 《반지의 제왕》을 꺼냈다!
>
> ─데이비드 리디

● 아이들이 집에 있는 시간이 거의 없을 때, 혹은 시간이 모자랄 때, 사교 활동 때문에 급히 집에 와 밥만 챙겨 먹고 다시 나가야 할 때면 책읽기 일정을 아이와 함께 짜는 게 좋다. 그러면 아이에게 부모가 함께 책읽기를 얼마나 중요하게 여기는지, 얼마나 중요하면 반드시 일정표에 시간을 정해두고 싶어 하는지를 보여주게 될 것이다.

무엇을 읽을 것인가?

책 읽을 시간과 장소와 일상이 없다는 점 외에 읽을거리를 찾기 어렵다는 것도 청소년들의 큰 불만이다. 이때 부모의 도움이 필요하다!

아이가 관심을 보이는 것을 골라라

다른 연령대와 마찬가지로 아이가 관심을 보이는 것, 요즘 아이들에게 인기 있는 것을 끊임없이 읽기와 연결 지어보자. 예를 들어 아이가 TV 드라마를 좋아한다면 원본 책이 있는지 찾아보고 그 책을 주자. 영화 역시 책읽기를 크게 자극할 수 있다. 아이가 좋아하는 영화의 원본 책이 있다면 책 속에는 영화보다 더 많은 내용이 들어있어서 좋다고 설명해주고 책을 줘라. 《헝거 게임》《호빗》《반지의 제왕》《월플라워》《트와일라이트》 등이 좋은 예다. 아이가 유명 인사에 푹 빠져 있다면 그 사람에 대한 전기를 사줘라. 요리책이든 만화든 그래픽 소설이든 모험이든 로맨스든 환상물이든 어떤 관심사에도 관련 책이나 잡지가 존재한다. 누구나 실컷 웃는 것을 좋아한다. 좋아하는 코미디언에 대한 책이나 빌 브라이슨 같은 유머러스한 작가의 여행기를 시도해보자. 아이가 스포츠 광인가? 아이가 좋아하는 스포츠 영웅의 전기는 어떨까? 아니면 오늘자 신문의 스포츠 칸을 보여주자. 아이가 패션을 좋아하면 《악마는 프라다를 입는다》부터 코코 샤넬의 전기, 패션의 역사에 관한 백과사전까지 다양한 읽을거리를 찾을 수 있다.

　이 시기에도 시리즈물은 다음 책을 기대할 수 있다는 분명한 이유 때문에 좋다. 아이가 좋아하는 작가가 있으면 그 작가의 다른 책들을 찾아보자. 지역 도서관이나 학교 도서관에서 새로운 책을 찾아보게 하자. 또 친구들에게 어떤 책을 읽는지 물어보게 해라. 부모가 직접 아이 친구들에게 물어보는 것도 좋다. 친구들이 놀러 오면 책읽기에 관한 대화를 시작하고 부모가 읽는 책에 대해 들려주거나 아이들이 최근 재미있게 읽은 책에 대해 물어봐라. 읽기에 대한 대화를 열고 책읽기가 평범한 일상이라는 메시지를 전할 수 있다. 나 역시 아들과 아들 친구들과 함께 책에 관한 이야기를 시작해 놀라운 대화를 나눈 적이 있다.

전문가의 견해

이 나이에 또래 집단은 매우 중요하다. 아이 친구 중 책을 읽는 아이가 있다면 서로 책을 바꿔 보게 하고 요즘 친구들은 무엇을 읽는지 물어봐라. 청소년기에는 자기 부모보다 친구 부모와 대화를 나누는 게 더 쉬울 때가 있다.

　-데이비드 리디

　잡지 역시 이 연령대에 선택하기에 좋은 읽을거다. 읽기를 잠시 쉬고 있을 때 다시 시작할 수 있게 다리 역할을 할 수 있는 게 바로 잡지다. 청소년은 잡지를 매우 흥미롭게 여기며 대중문화와 결합한 내용이 매력적이라고 생각한다.

스마트 기기에 빠진 아이에게는 전자책이 좋은 방법일 수 있다. 어차피 대학에 가면 무거운 교재를 들고 다닐 필요 없이 전자책 리더나 태블릿을 들고 다니기 쉽다. 또 디지털 방식의 책읽기는 인터넷에서 바로 가능하다. 왓패드(Wattpad) 같은 사이트에 가면 수많은 글을 읽을 수 있다. 청소년들이 많이 찾아가는 사이트이고, 직접 글을 써서 올리는 십 대도 많다. 또 읽은 내용에 대해 리뷰나 댓글을 올릴 수 있어 상호작용도 가능하다.

전문가의 견해

왓패드 같은 사이트에서 글을 읽으면 두 가지 측면에서 좋다. 첫째, 글을 읽을 수 있고 둘째, 또래 청소년이 쓴 글을 읽고 스스로 글을 쓰고 싶은 마음이 든다.

–데이비드 리디

아이가 어떤 것을 읽고 있는지 부모가 직접 살펴볼 수 없고 적절한 내용인지 확인할 수 없어 부모로선 디지털 방식의 읽기를 불안하게 생각하기 쉽다. 그러나 언제라도 아이에게 어떤 이야기를 읽고 있는지 물어보고 대화를 나눌 수 있다. 너무 걱정하지 마라. 모든 읽기는 좋은 읽기다! 아이가 즐거움을 위한 읽기에 관심이 있다는 뜻이다. 아이가 관심을 보이는 게 느껴지면 더 깊고 넓은 읽기로 발전시킬 기회로 생각해라.

> 인터넷으로 글을 읽기 시작했다. 종이책과 비교해 고를 게 많고 다양해서 좋다. 우리 집에 인터넷이 설치되고부터 천천히 위키피디아에 들어가기 시작했다. 컴퓨터를 연구하기 시작했고 기술과 IT에 관한 지식과 국어도 많이 향상되었다.
>
> -우무트(14세)

뭐든 좋다

청소년기에는 자신의 견해를 지니고 부모와 동떨어진 개별적인 존재라고 느낄 필요가 있다. 무엇을 읽을 것인가에 대해서도 자신만의 견해가 있어야 한다. 이때 균형을 이루기가 쉽지 않을 수 있다. 부모는 압력을 넣거나 밀어붙이지 말고 옆에서 도우며 격려해야 한다. 부모의 의견을 강요하지 말고 많은 것을 제안하는 게 정답이다. 아이가 스스로 선택할 기회를 줘라. 예를 들면 아이가 당신처럼 고전을 읽기 바라는데 계속 《윔피 키드》를 읽거나 잡지에 코를 박고 있더라도 못마땅해하지 마라. 중요한 것은 아이 스스로 읽기를 즐기고 있다는 사실이다.

아이가 더 어렸을 때와 똑같다. 부모가 다양한 읽을거리를 소개하고 보여줘야 한다. 아이는 지금 자신의 정체성을 찾고 있으며 자신이 어떤 사람인지, 무엇에 관심이 있는지 탐색 중이다. 다양한 책을 시도하는 것은 정체성 찾기를 시도하는 것과 같다. "나는 스릴러 취향인가?", "나는 전통적인 로맨스를 좋아하는가, 뱀파이어물을 좋아하는가?" 등등. 그러므로 계속해서 새롭고 다양한 것들을 보여줘라. 그러나 압력을 넣지는 마라. 기회가 생길 때마다 부모 스스로 책 읽는 모습을 보여줘라. 절대 잔소리하지 마라. 끔찍한 부작용만 낳는다. 열다섯 살 샘이 이런 말을 했다. "다들 나한테 책을 읽으라고 해요. 엄마, 아빠, 선생님, 심지어 할머니까지! 정말 짜증 나요."

📖 한번 붙잡은 책을 반드시 끝까지 읽어야 하는 것은 아니다

아이들이 뭔가를 읽기 시작하다가 "이건 나한테 맞지 않아."라고 생각해 도중에 그만두어도 괜찮다. 마음에 들지 않으면 끝까지 읽지 않아도 된다고 말해줘라. 책을 많이 읽을수록 어떤 것을 좋아하고 어떤 것을 싫어하는지 이해할 수 있고 점차 늘어가는 개인 의식을 반영하는 데도 도움이 될 것이다.

📖 나이보다 너무 앞선 것은 읽지 않도록 해라

부모는 가끔 아이가 고른 읽을거리를 향해 "안 돼."라고 말하고 싶을 때가 있다. 읽지 못하게 막으면 오히려 아이가 더 읽고 싶어진다는 것을 아는데도 그렇다. 아이가 정말로 걱정스러운 내용, 부적절해 보이는 것을 읽는 것 같으면 부모가 먼저 그 책을 읽어보고 균형과 지식을 갖춘 견해를 지녀야 한다. 그런 다음 아이에게 왜 이 책이 마음에 들지 않는지 설명해라. 열두 살 여자아이가 엄마에게 《그레이의 50가지 그림자》를 읽어도 되느냐고 물어보았다. 엄마는 안 된다고 했고 그 이유를 설명했다. 물론 완전한 규제는 불가능하므로 그 아이는 친구들과 몰래 그 책을 읽고 있을지도 모른다. 그러나 여기서 가장 좋은 점은 딸이 먼저 엄마에게 그 책을 읽어도 되느냐고 물어본 대목이다. 이미 두 사람 사이에 책에 대한 대화가 익숙하다는 뜻이다. 둘 사이 이런 대화를 나누는 게 어렵지 않았기 때문에 엄마도 딸에게 자신의 생각을 분명하게 전달할 수 있었다.

● 전문가의 견해

아이가 접하는 책 내용이 마음에 들지 않더라도 마음을 열고 의견을 나눈다면 아이와 책읽기에 관해 계속해서 쉽고 편안하게 대화를 나눌 수 있다. 아이는 이해가 안 되는 점이 생기면 언제라도 부모에게 말할 수 있다는 믿음이 생기기 때문에 새롭고 도전적인 책도 안심하고 읽을 수 있다.

-아만다 거머 박사

아이가 너무 도전적인 것은 읽지 않으려고 하는 시기가 올 것이다. 그래도 괜찮다. 누구나 그런 단계를 겪는다. 나도 그렇다. 또 어떤 것도 읽고 싶어 하지 않는 때가 올 수도 있다. 참을성을 가지고 기다려라. 시간이 지나면 상황은 변하기 마련이다. 그렇다고 아이가 평생 책을 읽지 않는 사람이 된다는 뜻은 아니다. 뭔가 계기가 생기면 아이는 돌아올 것이다. 어쩌면 완전히 다른 것을 통해서일 수도 있다. 어떤 아빠가 이런 이야기를 들려주었다.

> 아들은 꽤 도전적인 책도 열심히 읽다가 갑자기 만화책만 보기 시작했다.
> 매우 시각적인 아이라 그림 그리기를 좋아하고 일러스트를 꽤 좋아한다.
> 그래서 온라인으로 흥미로운 그래픽 소설을 찾아보았더니 고전문학을
> 만화로 그린 헌트 에머슨의 작품이 있었다. 아이가 좋아할 것 같아
> 두어 권 사서 거실 의자 위에 놔두었다.
> 당연히 아이는 그 책을 집어 들었고 꽤 흥미를 보였다. 좋아할 것 같아서
> 샀다고 말해주었다. 그날 취침 시간에 아들이 말했다.
> "아빠, 오늘 밤은 '나루토' 안 읽을래요. '단테의 신곡' 읽을래요!"
>
> – 앨런(루카스(13세)의 아빠)

책 읽는 집

방마다 읽을거리가 있어야 한다. 특히 십 대는 자기 방에서 오랜 시간을 보내는 경향이 있으므로 아이 방에 책이 잘 갖춰져 있고 손

을 뻗으면 닿는 곳에 잡지가 있어야 한다. 아이가 전자 기기를 집어 드는 만큼 읽을거리를 집어 들기를 바랄 것이다. 최근 방문한 어느 집은 욕실에 시집과 세계의 다양한 화장실에 관한 책, 그리스 신화, 소설까지 광범위한 책들이 갖춰져 있었다. 그 집에서 목욕 시간은 책을 읽는 시간이었고 아이들은 목욕하면서 일상적으로 책을 읽었다.

화면 사용 시간에 관한 규칙을 정하고, 책을 읽을 수 있는 조용한 시간을 마련하고, 읽을거리가 눈에 잘 띄도록 해줘야 한다. 부모가 먼저 즐거움을 위해 책을 읽는 모습을 보여주고 화면을 끄고 오프라인 시간을 보내는 모습을 보여줘야 한다. 아이와 책에 관한 이야기를 나누고 책을 공유해라. 선물로 책을 주고 그것이 바람직하고 가치 있는 일임을 보여줘라. 할 수 있다면 이모나 삼촌, 친구 등 아이가 좋아하는 책이나 잡지에 대해 대화를 나눌 수 있고 아이가 존경할 수 있는 다른 역할 모델을 찾아보자. 그리고 반드시 성별에 관해 중립을 지켜라. 남자아이는 책을 안 좋아한다는 편견을 믿지 마라. 아들들도 할 수 있고, 하고 있다!

할 것과 하지 말 것

할 것

👍 자녀가 청소년이 되어도 계속해서 아이의 책읽기에 참여해라. 할 수 있는 가장 적절한 방식으로. 아이가 성숙해질수록 부모와의 책읽기 관계도 달라진다는 사실을 인정해라.

👍 가능하다면 청소년기 내내 아이와 책을 읽고 책을 읽어줘라.

👍 책을 공유하고 서로 추천하며 집을 책읽기와 책에 관한 대화가 이루어지는 곳으로 만들어라.

👍 자녀가 책이나 기사를 추천하면 반드시 읽어보고 나중에 대화를 나누어라. 아이가 선택한 읽을거리를 존중해줘라.

👍 아이 앞에서 책 읽는 본보기를 보여줘라.

👍 화면 사용 시간에 관한 규칙을 정하고 부모와 자녀가 모두 그 규칙을 지켜라.

👍 밤에는 방에서 전자 기기(특히 전화기) 사용을 금하는 규칙을 정해라.

👍 온갖 종류의 책과 잡지와 신문 등 가능하면 다양한 범위의 읽을거리를 구해라.

👍 아이의 관심사와 열정을 반영하는 책과 잡지와 기사를 찾아서 아이가 읽고 싶은 것들을 발견할 수 있게 도와줘라.

👍 아이가 독립적으로 읽을거리를 선택할 수 있게 해라.

👍 함께 책 관련 행사에 가고 쇼핑할 때마다 정기적으로 서점에 들르는 등 더 넓은 방식으로 책읽기를 공유해라.

👍 마음을 크게 먹고, 평생 읽기 습관을 형성하는 것은 단거리 경주가 아니라 마라톤임을 잊지 마라.

👍 청소년 자녀는 부드럽게 격려하고 절대 압력을 넣지 마라.

하지 말 것

👎 청소년 자녀에게 책을 읽으라는 압력을 넣지 마라. 격려하되 잔소리는 하지 마라.

👎 지나친 간섭을 피해라. 책읽기에 참여하고 격려하는 것과 좋은 읽을거리를 제공하는 것 사이에 균형을 유지하면서 아이 스스로 읽을거리를 선택할 수 있게 해라.

👎 여자아이들이 남자아이들보다 책을 더 잘 읽는다는 편견을 버려라.

👎 아이가 고른 책을 비판하거나 못마땅한 기색을 보이지 마라. 정말로 부적절한 내용의 책이라면 부모가 먼저 읽어보고 왜 그 책이 마음에 들지 않는지 타당한 견해를 제시해라.

👎 책읽기를 대단한 일인 양 포장하지 말고 평범하고 일상적인 일로 여겨라.

Q&A

Q : 청소년 아이가 읽고 싶은 게 전혀 없다고 합니다. 제가 제안하는 건 뭐든 지루하다고 하네요. 어떻게 해야 좋을까요?

A : 포기하지 마라. 누구나 흥미로운 것은 있기 마련이다. 아이가 정말로 좋아하는 게 뭔지 골똘히 생각해보자. 예를 들어 아이가 콜 오브 듀티 게임만 하고 싶어 한다면 전략 안내서를 사줘라. 아이가 화장에만 관심을 보이는가? 그렇다면 화장하는 법, 새로운 스타일로 꾸미는 법에 관한 책을 사줘라. 일단 뭔가를 읽고 좋아하면 또 다른 것을 안겨줘라. 쇠뿔도 단김에 빼라고 했다.

Q : 화면 사용 시간과 전자 기기에 대해 새롭게 규칙을 정하려고 하면 소리를 지르고 난리를 피웁니다. 어떻게 해야 아이가 제 말을 들을까요? 그럴 가치가 있는 일인지 알고 싶어요.

A : 부모가 먼저 굴복하지 마라. 누가 책임자인지 분명히 해라. 책임자는 바로 당신이다! 여긴 당신의 집이고 규칙은 당신이 정한다. 화면 사용 시간을 전부 금지하라는 말이 아니다. 다만 규칙을 정하려고 할 뿐이라고 설명해라. 단기적으로는 불만이 제기되고 집안에 동요가 일겠지만, 더 큰 목표를 상기해라. 아이가 책읽기를 사랑하는 사람으로 자라기를 바란다면 우선 책 읽을 시간부터 확보해야 한다.

Q : 제 말은 전부 옳지 않다고 하네요. 책읽기에 대해 무슨 말이라
도 할라치면 아들은 아예 듣지를 않아요. 어떻게 해야 제 말을 들을
까요?

A : 개인적인 일로 받아들이지 마라. 직접적인 방식이 효과가 없다
면 간접적인 방식을 시도해보자. 아이를 위한 책을 골라 그냥 침대
옆에 놔둬라. 아이는 누가 지켜본다는 것을 의식하지 않고 편안하
게 책을 들춰볼 수 있다. 책읽기를 요란한 일로 만들지 마라. 또 아
이가 좋아하는 책에 대해 대화를 나누거나 생일 선물과 크리스마스
선물로 책을 사줄 멋진 삼촌이나 친척 등의 도움을 구해라.

Q : 딸이 예전에는 매일 책을 읽었는데, 지금은 거의 관심이 없어
요. 어떻게 해야 예전으로 돌아갈까요?

A : 압력을 넣지 마라. 청소년기 어느 순간에는 책읽기에 대한 흥
미가 가라앉는 게 아주 보편적인 모습이다. 아이의 관심을 사로잡
는 일들이 주변에 너무 많다. 책을 자주 읽지 않더라도 받아들여
라. 그러나 어쩌다 한 번이라도 계속 읽기를 유지할 수 있도록 노
력해라. 아이에게 다른 읽을거리가 더 맞을 수도 있다. 대중문화를
다룬 책이나 잡지 등을 시도해봐라. 어쨌든 너무 걱정하지는 마라.
결국 아이는 돌아올 것이다.

발달 단계

12~16세의 발달 단계에서 나타나는 주요 특징.

사회적, 감정적 기술

- 부모보다 친구가 더 관심사에 중요한 영향을 끼친다.
- 감정적으로 부모에게서 점점 독립한다.
- 자신의 개성을 더욱 표현하고 싶어 한다.
- 의사소통이 점점 디지털화된다.
- 자의식이 성숙해지는 동안 자존감에 상처를 입기 쉽고 자신에 대한 부정적인 생각에 지나치게 민감한 것처럼 보일 수 있다.

사고 기술

- 복잡한 사고 양식을 개발하고 추상적이고 가설적인 개념을 처리할 수 있게 된다.

신체 발달

- 호르몬이 폭발적으로 분비되면서 단기간에 감정의 폭이 심하게 변동한다.
- 사춘기가 되면서 다양한 신체 변화가 일어나지만, 사회적인 기술과 사고 기술이 같은 속도로 발달하지는 않는다.

참고 사항 아이마다 발달 속도가 무척 다르고 연령대별로 습득하는 기술도 다르다. 주로 아이의 환경에 따라 달라진다. 그러나 어떤 기술을 몇 살에 습득하든지 단순한 기술을 바탕으로 더 복잡한 기술을 쌓아가는 연속 과정이다. 예를 들면 근육 발달을 지지하는 대근육 운동 기술이 발달해야 미세한 운동 기술을 사용하는 글쓰기를 배울 수 있다. 무엇보다 어떤 아이도 완전히 똑같을 수는 없다는 사실을 잊지 마라!

◀책읽기에 관한 아버지와 딸 엘라의 이야기▶

롭의 이야기

딸 엘라가 책을 열심히 읽는 모습을 보인 적이 없어서 크게 실망했다. 아내와 나는 대다수 부모가 하는 대로 했고 아이가 열 살 무렵이 되자 이제 혼자서도 읽을 수 있게 될 거라고 생각해 책 읽어주기를 중단했다. 이제 엘라는 열일곱 살이 되었다. 청소년 자녀에게도 계속 책을 읽어주면 좋은 점이 많다는 말을 듣고 다시 책을 읽어주기로 했다. 사실상 아이는 십 대 시절의 막바지를 향해 가고 있다. 직장일이 바쁘고 출장도 많이 다니는 편이라 아이들과 함께할 시간을 내는 게 쉽지 않았지만, 어쨌든 다시 함께 책을 읽어보자고 제안했더니 뜻밖에 아이가 무척 좋아했!

약 세 달 동안 함께 책을 읽었는데 실로 사랑스러운 경험이었다. 딸과 더욱 가까워졌다. 우리는 함께 책을 읽고 번갈아가며 서로 책을 읽어주었다. 팔걸이의자에 가까이 앉아서! 딸이 십 대가 되어서 다시금 유대감과 친밀감을 느낄 수 있었다. 아이는 다양하고 광범위한 사교 활동에 바빠서 집에 있는 시간이 많지 않다. 아이와 함께하는 시간이 매우 제한적이라 자동차를 태워줄 때나 용돈을 달라고 할 때처럼 실용적인 시간에 책을 읽는다. 함께 책을 읽다 보면 어린아이였을 때 기억하는 모습을

얼핏 보게 된다. 함께 책을 읽으면서 신체적으로도 가깝게 있다는 사실이 놀라웠다. 이 나이대에는 거북할 수도 있는 일이라 나는 이제 아이를 안아 줄 때도 측면에서 안고는 한다. 그런데 책을 읽다 보면 물리적으로 가깝게 붙어있어도 전혀 어색하지 않다. 아이와 함께 책 읽는 시간이라고 일정표에 기록하는 순간이 정말 좋다. 서로를 위해 일부러 시간을 내고 지키는 게 좋다.

직장일 때문에 계속할 수 없게 되어 무척 속상하다. 하지만 이제 엘라는 스스로 책을 읽는 시간이 많이 늘어났고 가끔은 책에 관해 먼저 대화도 연다. 우리는 훨씬 더 가까워졌고 읽기에 대한 새로운 관심도 생겼다.

엘라의 이야기

아빠와 함께 책을 읽을 때 정말로 즐거웠다. 아빠와 소중한 시간을 보내는 게 좋았다. 책이 더 재미있어지고 또 다른 목소리로 책 읽는 소리를 듣는 게 좋았다. 많이 읽지는 않지만 이제 읽는 게 즐겁고 재미있어졌다.

즐거움을 위한 책읽기는
부모가 아이에게 줄 수 있는 가장 큰 선물이다!

책과 친해지고, 책 읽기가 즐거워지는 동화책

책읽는 도깨비
이상배 글 | 백명식 그림

고리짝도깨비와 도깨비들은 어떻게 독서왕이 되었을까?

알라딘 올해 최고의 책 | 한우리독서올림피아드 선정

책귀신 시간도둑
이상배 글 | 백명식 그림

세종대왕은 왜 시간을 도둑맞고도 행복했을까?

전국도서관사서협회 추천도서

책귀신 세종대왕
이상배 글 | 백명식 그림

바보온달과 평강공주, 세종대왕의 독서 비법은 무엇일까?

전국도서관사서협회 추천도서 | 독서새물결 독서논술대회 선정

최고의 독서 짝꿍 – 정약용과 에디슨
이상배 글 | 이주희 그림

정약용과 에디슨의 치열한 독서 전쟁은 누가 승리할까?

<출판저널> 이달의 책 | 한국어린이교육문화연구원 으뜸책

책이 살아 있다
신혜순 글 | 김청희 그림

어릴 적 읽은 한 권의 책이 인생을 결정한다!

<출판저널> 이달의 책 | 한국어린이교육문화연구원 으뜸책